WIENAND[S] KLEINE REIHE
DER KÜNSTLERBIOGRAFIEN

WEITERE TITEL:

OTTO DIX
MAX ERNST
ALEXEJ JAWLENSKY
ERNST LUDWIG KIRCHNER
GUSTAV KLIMT
KÄTHE KOLLWITZ
WILHELM LEHMBRUCK
MAX LIEBERMANN
AUGUST MACKE
PAULA MODERSOHN-BECKER
AMEDEO MODIGLIANI
GABRIELE MÜNTER
EDVARD MUNCH
EMIL NOLDE
CHRISTIAN SCHAD
EGON SCHIELE
MAX SLEVOGT
FRIEDRICH VORDEMBERGE-GILDEWART
MARIANNE VON WEREFKIN

Christoph Orth

CASPAR DAVID FRIEDRICH

Wienand

Inhalt

EXKURSE

Der Maler soll nicht bloß malen, was er vor sich sieht, sondern auch, was er in sich sieht. Sieht er aber nichts in sich, so unterlasse er auch zu malen, was er vor sich sieht.

Caspar David Friedrich

Rätselspiele

Als Caspar David Friedrich im Jahr 1826 auf der jährlichen Kunstausstellung der Königlich Sächsischen Akademie der Künste zu Dresden eine Folge von sieben kleinen Sepiazeichnungen präsentiert, stellt sich Ratlosigkeit ein. Während die vielen Landschaften, Porträts und frommen Szenen seiner Künstlerkollegen im über 700 Positionen umfassenden Katalog genau beschrieben werden, ist zu seinen Werken nur knapp vermerkt: „Sieben in **Sepia*** getuschte Skizzen, vom Prof. C. D. Friedrich". Zeitgenössische Beobachter zeigen sich enttäuscht über diese Werke und lassen sich zu Kritik provozieren. Man vermisse ein „wirkliches Kunstwerk" von ihm, so eine anonyme Stimme. Karl August Böttiger, eine der einflussreichen Persönlichkeiten der Kulturszene jener Jahre, spricht von einer schmerzlichen Lücke: Denn von einem Meister wie Friedrich erwarte man keine Zeichnungen, sondern ein Gemälde, und von einem Landschaftsmaler eben Landschaften.

Aber nicht nur aufgrund ihres Formats und ihrer Technik irritieren die kleinen Blätter. Auch ihre Deutung bereitet selbst dem gelehrten Umfeld der Dresdner Akademie gewisse Schwierigkeiten. Einigkeit herrscht darin, dass sie den Lauf des menschlichen Lebens im Gewand der vier Jahreszeiten zeigen und die drei weiteren Blätter den Zyklus über den Beginn und das Ende des menschlichen Lebens hinaus erweitern. Das erste Blatt dieser Folge thematisiert den Schöpfungsakt, angelehnt an die biblische Erzählung. Gezeigt sind die Wellen des Urmeeres, hell vom Licht der Sonne überstrahlt. Noch kein Zeichen von Leben ist zu sehen. Nur in der Mitte zeigen sich Schaumkronen auf den Wellen, als sollte damit der Beginn des Neuen aus der Unendlichkeit heraus angedeutet werden.

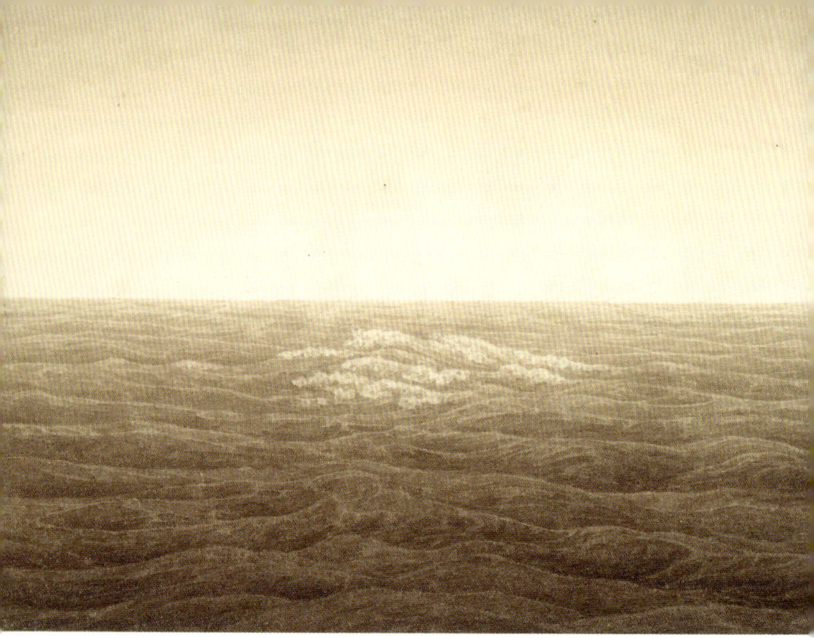

Meer mit aufgehender Sonne, um 1826, Pinsel in Braun über Bleistift, 18,7 × 26,5 cm

Der schon zitierte, anonyme Rezensent in den *Blättern für die literarische Unterhaltung* äußert sodann Bemerkenswertes über seine Deutung der Zeichnungen als Lebensalter: „Ob übrigens Prof. Friedrich wirklich dies so gemeint hat, möge dahingestellt bleiben, denn eigentlich könnten seine Skizzen ebenso gut Kunsthieroglyphen oder Rätselspiele heißen, die ein jeder erklären kann wie er will; sie beschäftigen die Phantasie weit mehr als sie das Auge befriedigen."

WAS ZEIGT CASPAR DAVID FRIEDRICHS KUNST?

Schon diese zeitgenössische Bemerkung wirft damit Fragen auf, die bis heute die Auseinandersetzung mit Caspar David Friedrich bestimmen: Welche Absichten stehen hinter Caspar David Friedrichs Kunst? Was wollte er mit ihr ausdrücken? Vermitteln seine Werke überhaupt eine eindeutige Botschaft

Friedrich fesselt uns an einen abstrakten Gedanken, gebraucht die Naturformen nur allegorisch, als Zeichen und Hieroglyphen, sie sollen das und das bedeuten.

Der Malerkollege Ludwig Richter über Friedrichs Kunst

oder erlaubt seine Kunst eine Vielzahl möglicher Deutungen, die von der Perspektive des jeweiligen Betrachters abhängen?

Der anonyme Rezensent schreibt, dass Friedrichs Arbeiten „die Phantasie beschäftigen". Tatsächlich fordert Caspar David Friedrich den Betrachter mit seiner Kunst heraus. Ihre Rätselhaftigkeit und Schönheit provoziert: Zur intellektuellen Auseinandersetzung mit ihm und seiner Kunst, zum Nachdenken über zentrale Fragen des Menschseins, aber auch zum ästhetischen Genuss seiner wunderbaren Kompositionen und Farben.

Dass Friedrichs Werke nur selten auf den ersten Blick verständlich erscheinen, ist unmittelbar auch von der Wahl seiner Bildthemen abhängig. Wie im Falle des *Meers mit aufgehender Sonne* versuchen seine Werke oftmals Begriffe zu erfassen, die über die menschliche Lebenswelt und damit auch das menschliche Verstehen hinausweisen. Von den Schwierigkeiten, die ihm dieses Anliegen bereitet, erzählt Friedrich in einem Brief über die *Abtei im Eichwald*: „Jetzt arbeite ich an einem großen Bilde, worin ich das Geheimnis des Grabes und der Zukunft darzustellen gedenke. Was nur im Glauben gesehn und er-

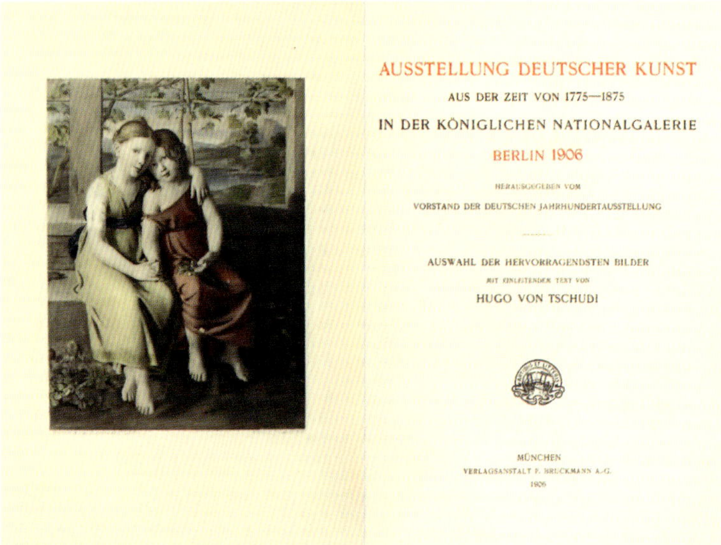

AUSSTELLUNG DEUTSCHER KUNST
AUS DER ZEIT VON 1775—1875
IN DER KÖNIGLICHEN NATIONALGALERIE
BERLIN 1906
HERAUSGEGEBEN VOM
VORSTAND DER DEUTSCHEN JAHRHUNDERTAUSSTELLUNG
AUSWAHL DER HERVORRAGENDSTEN BILDER
MIT EINLEITENDEM TEXT VON
HUGO VON TSCHUDI
MÜNCHEN
VERLAGSANSTALT F. BRUCKMANN A.-G.
1906

Katalog zur *Ausstellung deutscher Kunst aus der Zeit von 1775–1875* in der Königlichen Nationalgalerie Berlin

kannt werden kann und dem endlichen Wissen der Menschen ewig ein Rätsel bleiben wird: (und mir selbst ist, was ich darstellen will, und wie ich es darstellen will, auf gewisse Weise ein Rätsel)."

Wie lässt sich Zukunft in einem Gemälde darstellen? Freimütig räumt Friedrich ein, dass er bei seinem Versuch selbst nicht genau weiß, wie er vorgehen soll. Seine Leitlinien sind Intuition und sein Gefühl. In diesem Sinne können Friedrichs Werke als individuelle, ganz persönliche Versuche verstanden werden, das Nicht-Darstellbare darzustellen. Sie zeigen dabei keine abgeschlossenen Bilderzählungen, die sich in eine zeitliche oder gedankliche Reihenfolge bringen ließen. Im Gegenteil: Sie öffnen einen Assoziationsraum für den Betrachter. Sie sind Angebote, das von ihm Dargestellte selbst nachzuvollziehen.

250 JAHRE CASPAR DAVID FRIEDRICH

Heute erscheint es unvorstellbar, dass Friedrich und seine Kunst nach seinem Tod beinahe in Vergessenheit geraten. Zu jener Zeit aber hängen manche Werke über Generationen völlig unerkannt und ungewürdigt in Wohnzimmern oder Schlafstuben. Einen besonderen Wert misst man ihnen nicht bei. Nur wenige Gemälde sind in Museen ausgestellt, selbst in Berlin und Dresden, den Sammlungen mit den größten Friedrich-Beständen. Tatsächlich misst man Friedrichs Kunst in der zweiten Hälfte des 19. Jahrhunderts schlichtweg nicht viel Wert bei. „Unbedeutend“, ja sogar „lächerlich“ sind die Attribute, die man seiner Kunst gibt.

Dies ändert sich erst in den Jahren um 1900, als verschiedene Kunsthistoriker beginnen, einen genaueren Blick auf Friedrich zu werfen und seine Kunst neu zu bewerten. Jetzt wird das Unkonventionelle in seinen Werken ein Kriterium für ihre Bedeutung. 1906 findet in Berlin eine große *Ausstellung deutscher Kunst* statt, die auch heute noch als *Jahrhundertausstellung* bekannt ist und die deutsche Kunst von 1775 bis 1875 zum Thema hat. Auf dieser werden auch beinahe 100 Gemälde und Zeichnungen Friedrichs gezeigt. Die Ausstellung gilt heute als ein Meilenstein der Neubewertung Caspar David Friedrichs. Da erscheint es nicht verwunderlich, dass in den Jahren danach immer wieder neue Friedrichs auf dem Kunstmarkt auftauchen, auch Hauptwerke. Mit der Friedrich-Begeisterung kommt auch die Vereinnahmung. Bald wird der zurückhaltende, etwas sonderbare Maler zu einem Urbild des „Deutschen“ stilisiert – eine Steilvorlage für den Nationalsozialismus.

Heute, ein Vierteljahrtausend nach Friedrichs Geburt, scheint seine Kunst nichts von ihrer Anziehungskraft verloren zu haben. Es ist wohl die Verbindung von Friedrichs Persönlichkeit, seiner Lebensgeschichte und seinen unkonventionellen Bildern, die bis heute sein Identifikationspotenzial ausmacht. Friedrichs Kunst ist ikonisch, gerade weil sie so anders ist. Friedrichs Kunst zieht an, gerade weil sie auf ihre besondere Weise rätselhaft bleibt.

In der Kunstwissenschaft ist die Debatte um die Deutung von Friedrichs Kunst von sich bisweilen diametral widersprechenden Deutungen gekennzeichnet. Die Bandbreite der Interpretationen von Friedrichs Werken ist kaum mehr überschaubar.

Denn Friedrichs Kunst zu verstehen ist alles andere als leicht. Seine politische Einstellung, seine Religiosität, seine Eigensinnigkeit, all das kann verwundern und befremden. Die Gedankenwelten der Zeit um 1800 erscheinen heute weit entfernt. Um sich Friedrichs Kunst zu nähern, muss auch der historische Hintergrund in den Blick genommen werden.

Von Greifswald über Kopenhagen nach Dresden

Caspar David Friedrich wird am 5. September 1774 in Greifswald geboren. Die Stadt gehört seit dem Dreißigjährigen Krieg zu Schweden, bevor sie 1815 im Zuge des Wiener Kongresses an Preußen fällt. Caspar David Friedrichs Vater Adolph Gottlieb Friedrich stammt aus Neubrandenburg und wird aus wirtschaftlichen Gründen gemeinsam mit seiner Frau Sophie Dorothea in Greifswald ansässig. Dort baut er sich mit der Herstellung von Kerzen und Seife ein bürgerliches Leben in gewissem Wohlstand auf. Caspar David wächst in einer Großfamilie auf, er ist das sechste von zehn Kindern des Paares.

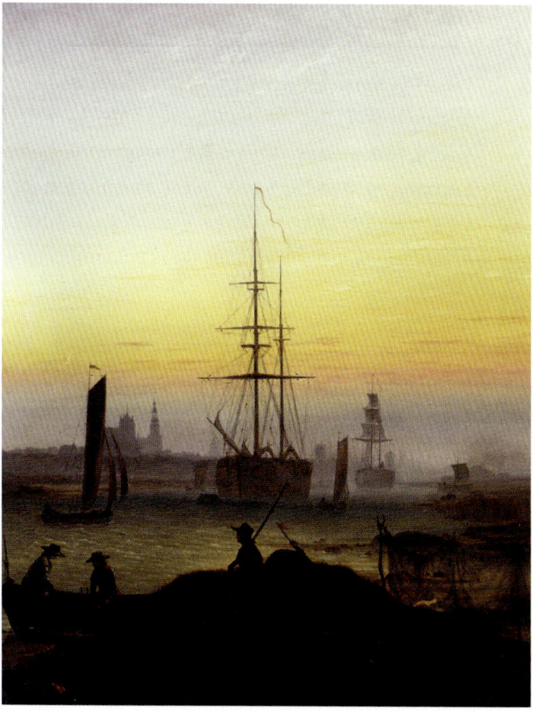

Der Greifswalder Hafen, 1818/20, Öl auf Leinwand, 90 × 70 cm

Durch sein Elternhaus erhält er eine streng protestantische Prägung, die sein Weltbild und auch seine Kunst maßgeblich bestimmen wird.

Schon 1781 stirbt die Mutter, kaum über Dreißig. Ein einschneidendes Erlebnis für den jungen Caspar David. Die Haushälterin der Familie, „Mutter Heiden" genannt, führt nun den Haushalt und übernimmt die Erziehung der Kinder. Friedrichs Geschwister werden Handwerker. Christian, der Tischler ist, fertigt für seinen Bruder später die Druckstöcke für seine **Holzschnitte*** an. Zu ihm pflegt er ein besonderes Verhältnis, wie ein intensiver Briefwechsel belegt.

Greifswald hat Ende des 18. Jahrhunderts keine 5000 Einwohner. Eine Kleinstadt zwar, aber durch ihre Lage am Meer und den belebten Hafen doch ein wichtiger Handelsort des Ostseeraums. Die schon Mitte des 15. Jahrhunderts gegründete Universität macht die Stadt auch zu einem geistigen Zentrum der Region. In Greifswald beginnt Friedrichs künstlerische Karriere. Etwa ab 1790 erhält er Zeichenunterricht durch den Universitätsbaumeister Johann Gottfried Quistorp. Vieles ist über diese frühe Phase nicht bekannt, noch weniger erhalten. Das Zeichnen nach Vorbildern und Schriftübungen bilden offenbar die Grundlage seiner frühen künstlerischen Erziehung. Wahrscheinlich in dieser Zeit kommt Caspar David Friedrich auch das erste Mal mit der als kanonisch geltenden Kunst der alten Meister in Kontakt, die in Greifswalder Sammlungen vor allem durch druckgrafische Reproduktionen zugänglich ist. Auch geistige Anregungen erhält Friedrich über Quistorp. Dieser ist mit dem bedeutenden Theologen, Pfarrer und Dichter Ludwig Gotthard Kosegarten befreundet. Und

Frederiksberger Quelle bei Kopenhagen, 1797, Feder in Braun, Aquarell, 21,7 × 16,8 mm

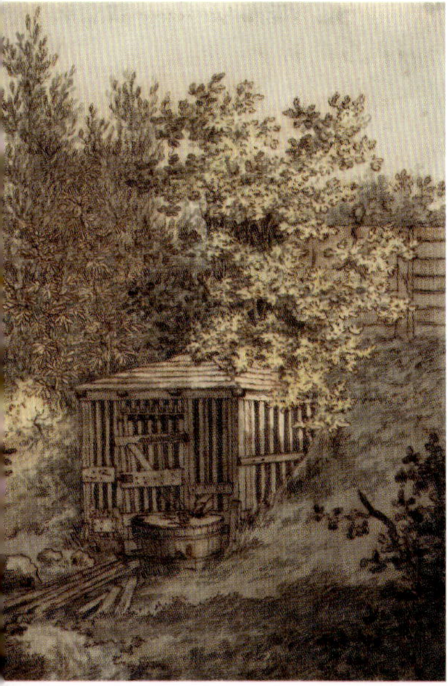

so nimmt auch Friedrich immer wieder Anregungen aus Kosegartens Werk auf. Besonders dessen Vorstellungen einer direkten Verbindung von Natur und Göttlichkeit prägen ihn. „Suchet den Göttlichen in der Natur“ predigt Kosegarten. Friedrich besucht den Dichter immer wieder an seinem Wirkungsort auf Rügen. Kosegarten ist auch einer der ersten Sammler von Friedrichs Zeichnungen.

ZUR AUSBILDUNG NACH KOPENHAGEN

1794 beginnt Friedrich ein Studium an der Kopenhagener Kunstakademie, wo zu dieser Zeit prägende Künstlerfiguren wie Nicolai Abildgaard oder Jens Juel tätig sind. Es dürfte Quistorp zuzuschreiben sein, Caspar David Friedrich zu einer professionellen Karriere als Künstler bewegt zu haben. In Kopenhagen erhält er eine eher konventionelle künstlerische Ausbildung, studiert nach Vorlagen alter Meister, nach Antiken und nach dem lebenden Modell. Wohl weitgehend unabhängig vom Akademiestudium, aber orientiert an älteren Künstlerkollegen, bringt er in seiner Kopenhagener Zeit erstmals auch Landschaftsdarstellungen zu Papier. Viel Persönliches aus jenen Jahren ist nicht bekannt, auch Briefe haben sich offenbar nicht erhalten. Ein beredtes Zeugnis seiner Kopenhagener Jahre ist jedoch ein kleines Blatt, das Friedrich für das Stammbuch eines Studienkollegen anfertigt. Datiert auf den 24. Juni 1796, enthält es ein kleines eigenhändiges Gedicht, das die guten Wünsche für den Freund zum Ausdruck bringt: „Nie muß ein Unfall dich zur Schwermut / Nie ein Glück zum Taumel bringen, / Eine Träne sei höchstens für dieses / Ein Lächeln für jenes / denn beides gleicht sich an Wankelmut." Unterzeichnet ist das Blatt nicht nur mit dem Namen Friedrichs, sondern auch mit einer gezeichneten Signatur: Es ist die Palette eines Malers, durch deren Öffnung einige Pinsel gesteckt sind. So verweist der junge Student auf den angestrebten Beruf als Künstler und sein Fach, die Malerei.

ANFÄNGE IN DRESDEN

1798 wechselt Caspar David Friedrich dann nach Dresden. Vorher reist er noch nach Berlin, um sich in der preußischen Hauptstadt umzusehen. Auch von der dortigen Akademie wird er sich ein Bild machen, vielleicht sogar einen Moment lang erwägen, in Berlin zu studieren. Aber er reist weiter nach Dresden. Die 1764 gegründete Dresdner Akademie ist eine der größten und bedeutendsten ihrer Zeit und vor allem berühmt für die Landschaftsmalerei. Große Meister dieses Fachs unterrichten dort um 1800, etwa Johann Christian Klengel, Jacob Wilhelm Mechau oder Adrian Zingg. In Dresden ist er näher am Puls des zeitgenössischen Kunstgeschehens. Auch die Aussicht auf ein vitales wirtschaftliches Umfeld, in dem er mit Aufträgen und einer entsprechenden Öffentlichkeit rechnen kann, haben die Entscheidung für Dresden sicher begünstigt. Nicht zuletzt wird es die ruhmreiche Dresdner Gemäldegalerie mit ihren zahllosen Gemälden der berühmtesten alten Meister sein, die ihn an die Elbe zieht. 1816 wird sich Friedrich überaus positiv über seine Zeit in Dresden äußern: „Wo Wissen-

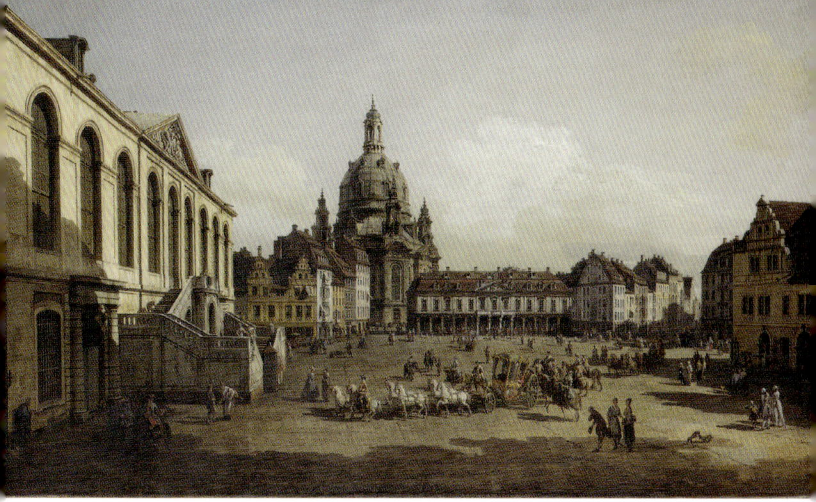

Bernardo Bellotto, genannt Canaletto, **Der Neumarkt in Dresden**, 1748/49, Öl auf Leinwand, 136 × 236 cm

schaften und Künste blühen, in einer Stadt, die man mit Recht das deutsche Florenz nennt, unter einem biederen Volke, das sich durch seine Religiosität wie durch seinen Kunstsinn auszeichnet, habe ich einen beträchtlichen Teil meines Lebens zugebracht und so ist Sachsen mein zweites Vaterland und seine Bewohner meine geliebten Landsleute geworden."

In seinen ersten Jahren in Dresden verbringt Friedrich viel Zeit damit, die Natur und Landschaft seiner neuen Heimat kennenzulernen. Damit stellt er sich ganz in die bestehende Tradition der Dresdner Landschaftsmalerei, die ihre Motive aus der Umgebung schöpft, insbesondere aus den Landschaftsformationen der Sächsischen Schweiz. Tatsächlich geht diese Bezeichnung auf zwei der bedeutendsten Dresdner Maler des 18. Jahrhunderts zurück, Anton Graff und Adrian Zingg, die beide aus der Schweiz stammen. Der Begriff spielt auf die Ähnlichkeit der Schweizer und der sächsischen Landschaft an.

Zugleich macht Friedrich wichtige und prägende Bekanntschaften. Eine davon ist Philipp Otto Runge, der andere berühmte deutsche **Romantiker***. Er kennt ihn schon aus Greifswald, wo Runge ihn 1801 besucht. Runge stammt aus Wolgast, einen Steinwurf von Friedrichs Heimatstadt entfernt, und ist nur drei Jahre jünger. Auch er kommt zum Studium nach Dresden.

Das Leben und vor allem die Mitstudenten an der Akademie bereiten Friedrich offenbar nicht nur Freude. Etwas gereizt schreibt er an den mittlerweile nach Hamburg umgezogenen Runge: „Ich ärgere mich jedes Mal, wenn ich auf die Galerie komme, über die Frechheit, mit der man die ausgeführtesten Bilder kopiert; die Maler aber, die es tun, bilden sich viel ein auf ihren ‚leichten Pinsel', wie sie es nennen." Bilder nur zu kopieren, also nur die Ideen eines anderen wiederzugeben, das passt Friedrich nicht. Darin auch noch eine Fähigkeit oder gar eine Tugend zu sehen, reizt ihn besonders. Hier wird nicht nur Friedrichs spröder Charakter sichtbar, sondern auch sein Selbstverständnis als individueller und auch gedanklich eigenständiger Künstler.

Auch das Studium an sich scheint ihm einige Schwierigkeiten zu bereiten. So berichtet er durchaus selbstkritisch in einem Brief an einen ehemaligen Kopenhagener Studienkollegen und Freund, den Maler Johann Ludwig Lund, dass er mit dem Aktzeichnen einige Probleme hat. Zwei seiner Akte seien „unter aller Kritik", wie er selbst sagt, ein dritter und vierter Versuch müssen ihm besser gelungen sein. Tatsächlich plagte sich Friedrich sein ganzes Leben mit dem Zeichnen und Malen von Figuren. In seinen frühen Jahren wirken sie oftmals ungelenk

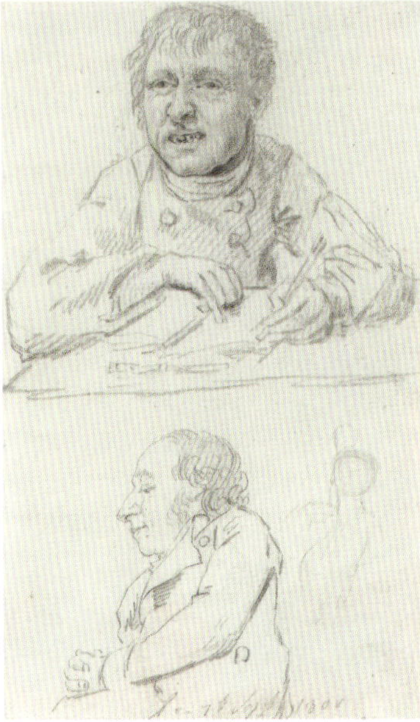

Selbstbildnis (oben). **Bildnis eines Herrn im Profil und flüchtige Figurenstudie** (unten), 1800, Bleistift, 17,9 × 11,4 cm

bis hölzern und zeugen von der fehlenden Fertigkeit, insbesondere die menschlichen Proportionen korrekt zu erfassen. Hat er vielleicht aus diesem Grund Figuren immer wieder von hinten dargestellt? Haben seine ikonischen Bilderfindungen also möglicherweise ganz pragmatische Gründe?

EIN FRÜHES SELBSTBILDNIS

Der schon genannte Brief an seinen Freund Lund hält auch eine Episode bereit, die Caspar David Friedrichs Persönlichkeit durchscheinen lässt. Beim Versuch, die lärmenden Nachbarskinder zur Raison zu rufen, ärgert er sich so sehr, dass er „auf der Stelle krank wurde und einige Tage [...] das Bett hüten mußte." Kein einfacher Zeitgenosse also, dieser Maler in der Nachbarschaft.

Friedrich ist sich seiner wenig schmeichelhaften Züge offenbar bewusst. Im Jahr 1800 entsteht ein außergewöhnliches Selbstbildnis. Der Maler sitzt an einem Tisch und ist im Begriff, in ein Skizzenbuch zu zeichnen. Nicht unüblich, sich als Künstler so darzustellen. Friedrich aber zieht eine Grimasse. Der Mund ist aufgerissen, es kommt eine unregelmäßige Zahnreihe zum Vorschein. Das Gesicht ist zusammengezogen, wirkt faltig, die Haare ungekämmt. Ob es einen konkreten Anlass für diese außergewöhnliche Selbstdarstellung gibt, ist nicht bekannt. Ihre Schonungslosigkeit spricht jedenfalls für das Reflexionsvermögen und die Selbstironie Friedrichs, denn von einer repräsentativen Darstellung des Künstlers ist dieses kleine Bildnis weit entfernt. Denkbar ist, dass Friedrich die kleine Zeichnung etwa in geselliger Runde schnell aufs Papier wirft, um seinen Humor unter Beweis stellen. Er nimmt sich offenbar selbst nicht allzu ernst.

EINE REISE IN DIE HEIMAT

Nach nur knapp drei Jahren in Dresden unternimmt Friedrich in den Jahren 1801 und 1802 eine erste Reise zurück in die Heimat und nach Rügen. Warum aber verlässt er Dresden, wo er gerade erst beginnt, als Künstler Fuß zu fassen? Persönliche Gründe könnten eine Rolle spielen, möglicherweise ein besonderer Schicksalsschlag. Sollte Friedrich wegen einer unerfüllten jungen Liebe Hals über Kopf aus Dresden abgereist sein? Oder hat er 1801 tatsächlich einen Selbstmordversuch unternommen? Letzteres ist bis heute umstritten, nach Zeugnissen eng mit ihm bekannter Personen aber nicht unwahrscheinlich. Als gesichert gilt es, dass Friedrich Zeit seines Lebens immer wieder an Depressionen litt. Sein Freund Carl Gustav Carus wird später von einer „dicken trüben Wolke geistig unklarer Zustände“ berichten.

Der Aufenthalt in Pommern hat Friedrich jedenfalls neue Horizonte eröffnet. Natürlich kennt er die Landschaft seiner Heimat gut. Doch der Blick des nun ausgebildeten Malers erlaubt ihm eine andere, künstlerisch gelenkte Wahrnehmung von Natur und Landschaft. Ausgiebig widmet sich Friedrich bei seinen Streifzügen durch Rügen nun der genauen Erfassung

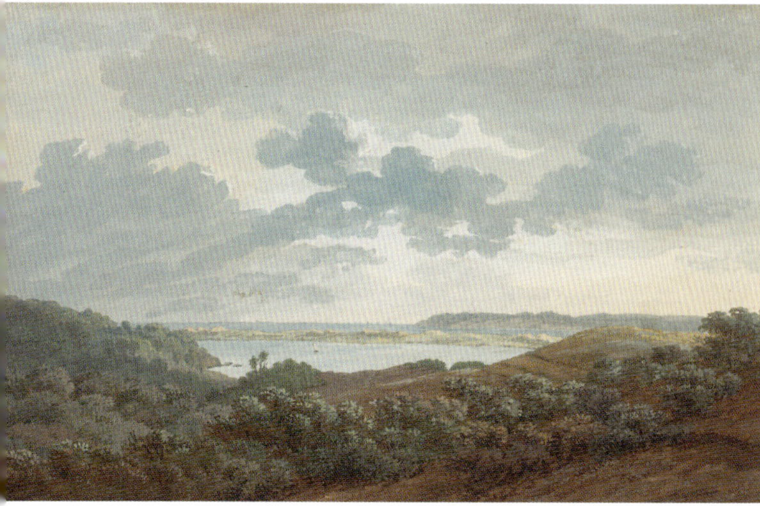

Rügenlandschaft, um 1802, Gouache, 13,1 × 20,8 cm

der Natur. Hünengräber werden studiert, Baumgruppen und Landschaftsformationen werden in Skizzenbüchern zu Papier gebracht. Elemente also, die für seine Kunst charakteristisch werden sollen und ihren hohen Wiedererkennungswert begründen. In dieser Zeit entstehen auch einige kleinformatige Werke in **Gouachetechnik***, die die Atmosphäre der Landschaft Rügens subtil auf Papier bannen. Insbesondere die Farbigkeit dieser Zeichnungen und die Kompositionen der dargestellten Landschaftsausblicke weisen dabei schon auf Friedrichs spätere Gemälde voraus.

Frühe Erfolge

Im Sommer 1802 kehrt Friedrich nach Dresden zurück. Im folgenden Jahr bezieht er eine Wohnung in Loschwitz, heute ein Stadtteil von Dresden, damals ein kleines, an den Hängen der Elbe gelegenes Dorf, in dem die Künstler der Stadt seit Jahrhunderten gerne ihre Sommer verbringen. Auch Friedrich kann nun der Enge und Hitze der Stadt entfliehen. Die Umgebung des idyllischen Ortes inspiriert ihn nicht nur zu seiner Kunst, sondern auch zur Poesie. Im Sommer 1803 schreibt er dort Gedichte, in denen der bald dreißigjährige Friedrich seine Empfindungen und Gedanken in Worte zu fassen versucht.

Aus seinen Zeilen spricht ein mit großem Optimismus in die Zukunft blickender junger Mann, der seine künstlerische Arbeit als Freude empfindet und dankbar ist für das von ihm Vollbrachte. Deutlich wird aber auch der starke Gottesbezug, ja ein Gottvertrauen, das für Friedrichs Leben und Lebensauffassung zentral ist.

Der Morgen

Selig, wer vom Schlaf erquickt,
Wer mit frohem Auge blickt
Dankend zu dem Herrn.

Selig, wer mit stillem Sinn
Schaut auf seine Arbeit hin
Und beginnt mit Freuden.

Selig, wer, was er vollbringt,
Wenn es ihm nach Wunsch gelingt,
Dient zum Heil der Menschen.

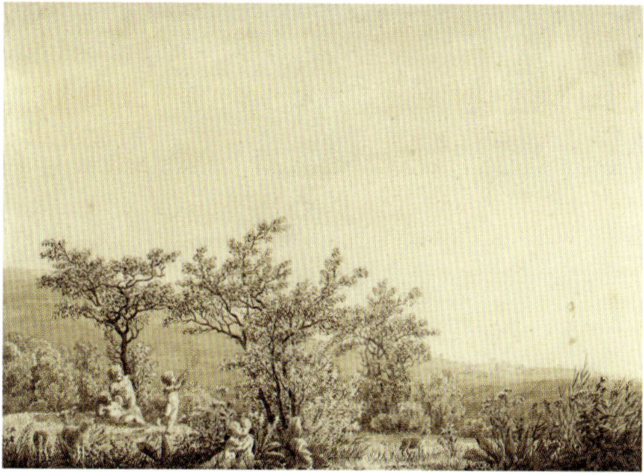

Der Frühling/Die Kindheit, 1803, Pinsel in Braun über Bleistift, 19,2 × 27,5 cm

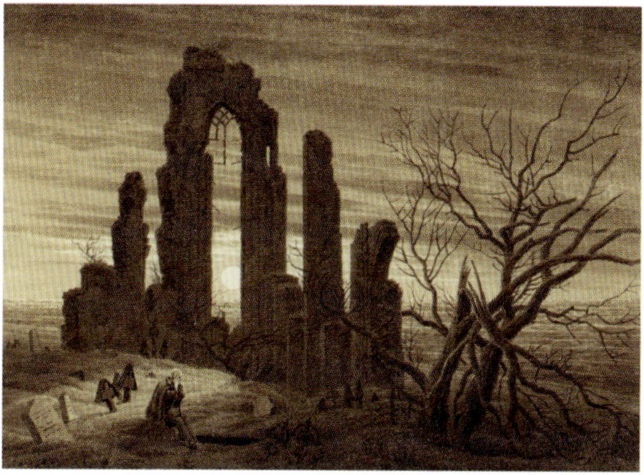

Der Winter/Der Tod, Pinsel in Braun über Bleistift, 19,2 × 27,5 cm

Die Berliner Zeichnungen sind die erste Darstellung einer Jahreszeiten-Folge Caspar David Friedrichs. Über viele Jahrzehnte galten die großen Sepien als verschollen, bevor Anfang des 21. Jahrhunderts drei Blätter des Zyklus in einer privaten Sammlung gefunden wurden und für das Berliner Kupferstich-Kabinett angekauft werden konnten. Das vierte Blatt, der *Sommer*, wird bis heute vermisst.

Der Abend

Stille, horchet, stille!
Nicht einmal die Grille
Zirpt im hohen Gras.

Alles ruht und schweiget,
Selbst die Blume neiget
Sanft ihr Haupt herab.

Auch ich will mich schlafen legen,
Gottes Schutz und Segen
Wird beschirmen mich.

Selig, wer mit frommem Herzen,
Ohne all Gewissens Schmerzen,
Ohne Not und frei von Pein,
Schlummert sanft und ruhig ein.

Zeitgleich entstehen ein Jahreszeiten- und Lebensalter-Zyklus sowie einige erste großformatige Sepiazeichnungen. Diese Blätter stehen künstlerisch in der von Adrian Zingg geprägten Tradition, der gemeinsam mit seiner Werkstatt vor allem landschaftliche Motive insbesondere aus der Dresdner Umgebung in großer Zahl für dankbare Abnehmer produzierte. Auch Friedrich zielt mit seinen Blättern wohl auf diesen Markt, um seinen Lebensunterhalt als freiberuflicher Künstler zu sichern. Oft schlägt er sich auch nur mit Gelegenheitsarbeiten durch, wie dem Kolorieren von Stichen, oder er gibt Zeichenunterricht. Annehmlichkeiten wie eine Sommerwohnung wollen finanziert werden.

HOLZSCHNITTE

Im März 1804 stellt Caspar David Friedrich auf einer Ausstellung in Dresden eine für sein Werk einzigartige Folge von drei Holzschnitten aus. Die Druckstöcke schneidet sein Bruder Christian, der Tischler. Es sind rätselhafte Darstellungen, deren

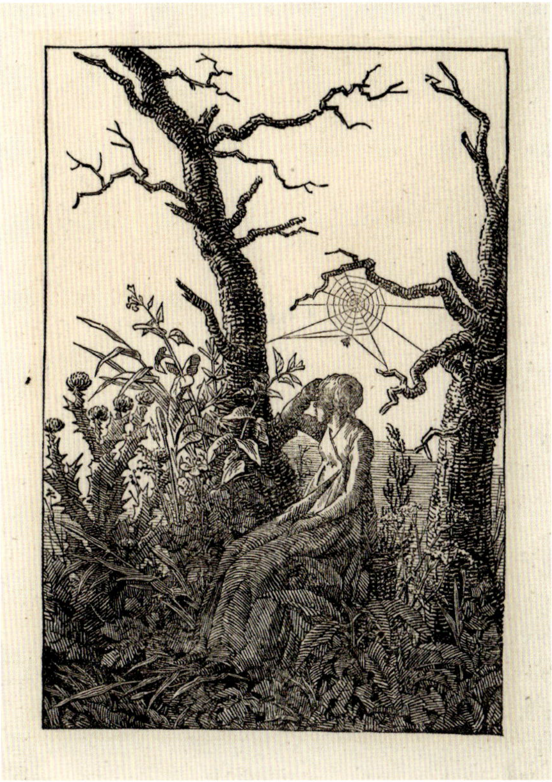

Die Frau mit dem Spinnennetz zwischen kahlen Bäumen, um 1803, Holzschnitt, 17 × 11,9 cm

Thema um die Endlichkeit des menschlichen Lebens zu kreisen scheint. Der für eines der Blätter bisweilen gewählte Titel *Melancholie* spielt nicht nur auf Ähnlichkeiten zur weiblichen Sitzfigur in Albrecht Dürers berühmtem Meisterstich *Melencolia I* an, sondern auch auf die Darstellung selbst. Die Pflanzen oder etwa auch das Spinnennetz verweisen auf die Vergänglichkeit. Der Blick der sitzenden Frau in den Hintergrund, ihr Sich-Abwenden, könnte andeuten, dass sie über den Tod und das Jenseits nachdenkt. Auf diese Weise soll die Darstellung auch den Betrachter dazu anregen, über die Endlichkeit des menschlichen Lebens nachzusinnen. Reizvoll ist der Gedanke, dass

Friedrich die Holzschnitte nicht allein als für sich stehende Kunstwerke schafft, sondern als Textillustrationen entwickelt. Dies legen das kleine Format der Blätter sowie die auch im 18. Jahrhundert noch präsente traditionelle Verwendung von Holzschnitten als Illustrationen nahe. Möglicherweise sieht Friedrich die Holzschnitte sogar als Begleitung für seine eigenen Texte, etwa seine Gedichte, vor. Denn seine Dichtungen kreisen, wie auch seine Kunst, durchaus stark um die in den Holzschnitten präsenten Themen von Jenseits und Vergänglichkeit, verbunden mit einer in seinem protestantischen Glauben verankerten Heilserwartung nach dem Tod. In einem Gedicht schreibt er: „Sinnet und grübelt, wie ihr auch wollt, / Geheimnis bleibet euch der ewige Tod, / Aber Glaube und Liebe sieht / Freude und Licht jenseits dem Grabe." Für diesen persönlichen Bezug und eine mögliche Verwendung der Holzschnitte als Illustration seiner Gedichte könnte sprechen, dass zu dieser Serie auch ein Selbstbildnis gehört.

BEIFALL AUS WEIMAR

Das Jahr 1805 markiert einen Wendepunkt in Friedrichs Karriere. Durch einen folgenreichen Kontakt mit Johann Wolfgang von Goethe wird er mit einem Schlag bekannt. In Weimar werden jährlich Kunstausstellungen veranstaltet, auf denen sich junge Künstler mit ihren Werken präsentieren können. Die Aufmerksamkeit des Publikums ist garantiert. Auch Friedrich will diese Gelegenheit nutzen und schickt, von Goethes Aufforderung dazu angeregt, zwei große Sepiazeichnungen nach Weimar: die *Wallfahrt bei Sonnenuntergang* und den *Herbstabend am See*. Mit seiner Teilnahme und der Präsentation seiner Zeichnungen verbindet er nicht nur den Wunsch nach Beachtung und vielleicht sogar positiver Würdigung in Weimar,

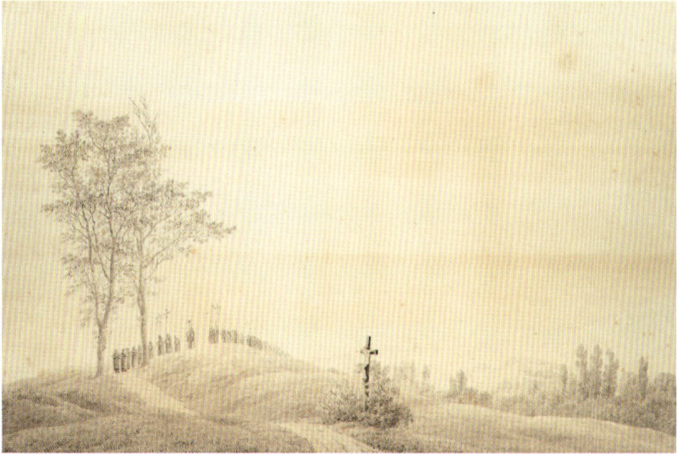

Wallfahrt bei Sonnenuntergang, um 1805,
Pinsel in Braun über Bleistift, 40,8 × 62,15 cm

sondern auch ein ganz handfestes Interesse. 25 Taler hätte er gerne pro Blatt, falls sich ein Käufer findet, wie er an Goethe im begleitenden Brief zu seiner Sendung mitteilt.

Offenbar rechnet er nicht mit dem Lob, das er dann aus Weimar für seine Zeichnungen erhält. Goethe nimmt die Blätter in die von ihm ausgerichteten *Weimarer Preisaufgaben* auf, einen jährlich stattfindenden Wettbewerb junger Künstler. Zwar sollen die Künstler in diesem Jahr eigentlich eine Episode aus dem Leben des Herkules darstellen – aber das spielt für Goethe offenbar keine Rolle: Er ist begeistert von der Kunst des jungen Friedrich. Seine Arbeiten werden mit einem halben Preis – mit dem auch das halbe Preisgeld verbunden ist – ausgezeichnet und mit einer Rezension seiner beiden Sepien belohnt. Diese erscheint, von Goethes Kunstberater Johann Heinrich Meyer verfasst, 1806 in der *Jenaischen Allgemeinen Literatur-Zeitung*, einem viel gelesenen Kulturmagazin der Zeit. Bemerkenswert ist, dass die Rezension gar nicht vertieft auf das Thema der beiden Zeichnungen eingeht, sondern vor

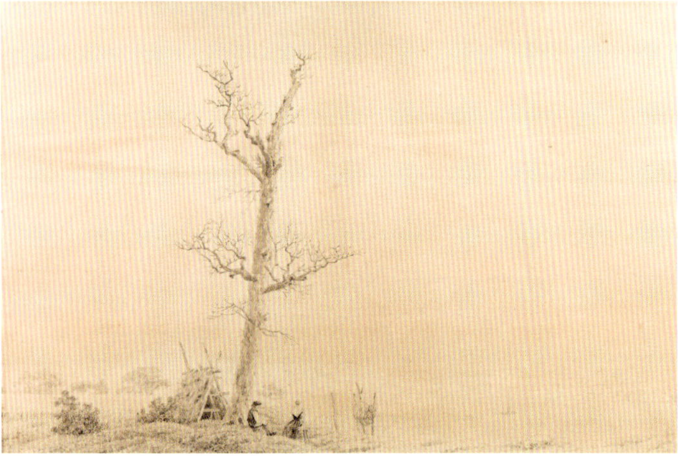

Herbstabend am See, um 1805,
Pinsel in Braun über Bleistift, 40,6 × 62,35 cm

allem die formale Komposition und die technische Perfektion der Werke lobt. Goethe und Meyer scheint nicht ganz klar zu sein, welche inhaltliche Dimension Friedrich seinen Blättern eigentlich gegeben hatte.

Der Dank an Goethe für die unerwartete Würdigung ist überschwänglich. Friedrich will die beiden Zeichnungen dem Dichter sogar als Geschenk überlassen. Der aber behält sie nicht, sondern reicht sie weiter an seinen Landes- und Dienstherrn, den Weimarer Herzog Carl August. In den folgenden Jahren schickt Friedrich nun immer wieder Sepiazeichnungen und Gemälde nach Weimar, in der Hoffnung, sie dort verkaufen zu können. Spätestens 1810 hat sich Friedrich als Künstler in den höchsten Kreisen etabliert. In diesem Jahr ersteht das Weimarer Herzogshaus allein fünf Ölgemälde für seine Sammlung, darunter die seit dem Ende des Zweiten Weltkriegs verschollene *Rügenlandschaft mit Regenbogen*, die Friedrich auf Grundlage von Goethes Gedicht *Da droben auf jenem Berge* (auch als *Schäfers Klagelied* bekannt) malt.

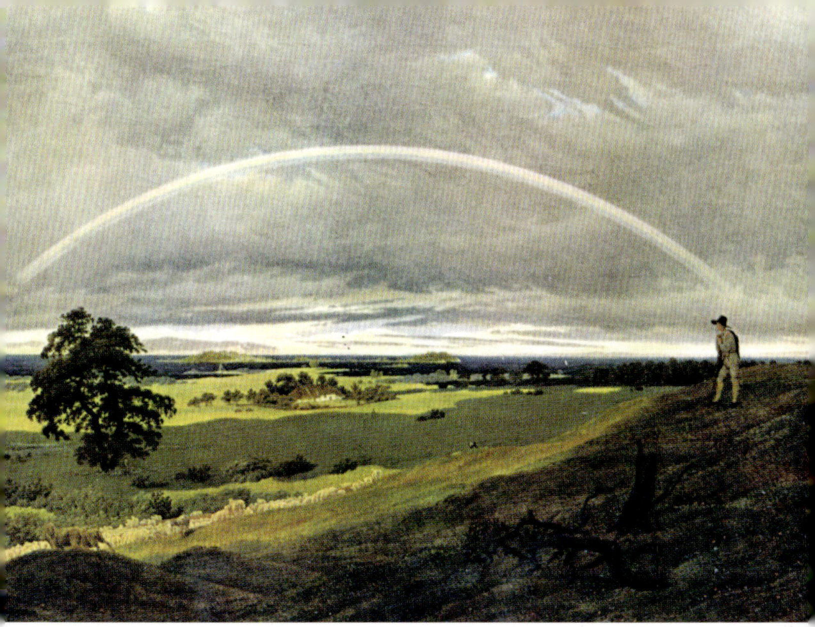

Rügenlandschaft mit Regenbogen, um 1810,
Öl auf Leinwand, 59 × 84,5 cm (verschollen)

Da droben auf jenem Berge,
Da steh' ich tausendmal,
An meinem Stabe hingebogen,
Und schaue hinab in das Tal.

Dann folg' ich der weidenden Herde,
Mein Hündchen bewahret mir sie.
Ich bin herunter gekommen
Und weiss doch selber nicht wie.

Da steht von schönen Blumen
Da steht die ganze Wiese so voll.
Ich breche sie, ohne zu wissen,
Wem ich sie geben soll.

Und Regen, Sturm und Gewitter
Verpass' ich unter dem Baum,
Die Türe dort bleibet verschlossen;
Doch alles ist leider ein Traum.

Es stehet ein Regenbogen
Wohl über jenem Haus!
Sie aber ist fortgezogen,
Und weit in das Land hinaus.

Hinaus in das Land und weiter,
Vielleicht gar über die See.
Vorüber, ihr Schafe, nur vorüber!
Dem Schäfer ist gar so weh.

Johann Wolfgang von Goethe

ZEICHNEN IN DER NATUR

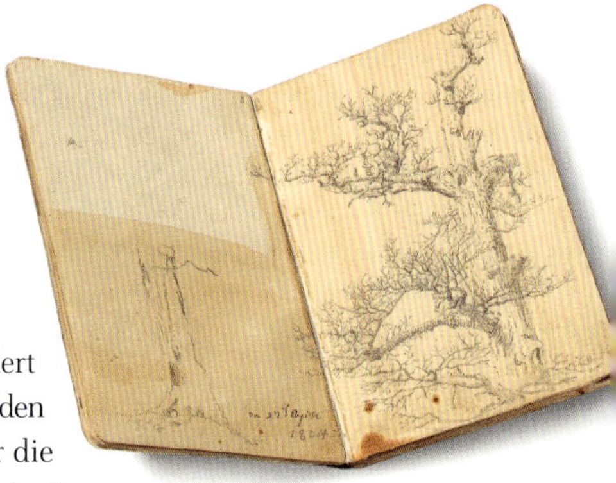

Karlsruher Skizzenbuch, 1804

Wie schon während seiner Reise nach Pommern durchwandert Friedrich in den folgenden Jahren immer wieder die Umgebung Dresdens in Ausflügen und kleineren Reisen. Eines der beeindruckendsten erhaltenen Zeugnisse seines Naturstudiums ist das sogenannte Karlsruher Skizzenbuch, das Friedrich auf seinen Wanderungen in der Umgebung von Dresden im Sommer 1804 mitführt. Es ist eines von nur sechs erhaltenen Skizzenbüchern des Künstlers und gibt einen faszinierenden Einblick in Friedrichs Arbeitsweise. Er dokumentiert darin Bäume, Schiffe und Vögel sowie Landschaftsausblicke. Teilweise sind diese mit einem Datum versehen, sodass sich bisweilen genau nachvollziehen lässt, wann und wo Friedrich welches Motiv zeichnet. An diese momenthaften Notizen, die er auf den Blättern des kleinen Skizzenbuches sichert, erinnert sich Friedrich zum Teil Jahrzehnte nach ihrer Entstehung noch. So greift er in einigen seiner bedeutendsten Gemälde, etwa der

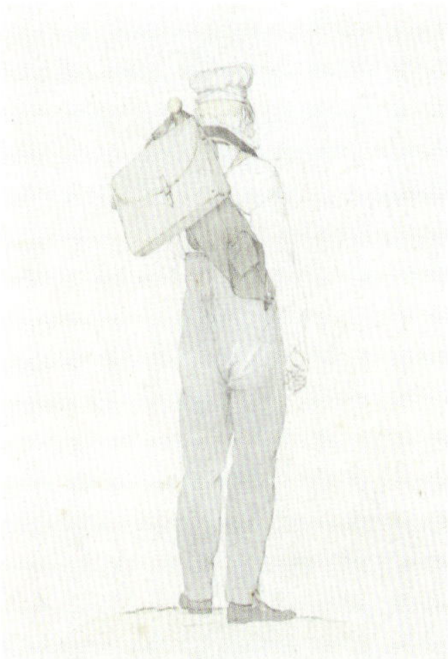

Georg Friedrich Kersting, **Caspar David Friedrich auf der Wanderung im Riesengebirge**, 1810, Bleistift, Aquarell, 31 × 24,2 cm

unten: **Marmorsteinbruch bei Rübeland im Harz**,
Bleistift, Aquarell, 19,2 × 24,5 cm

Abtei im Eichwald (1810) oder dem *Großen Gehege* (1832) auf seine alten Skizzen von 1804 zurück.

Auch längere Reisen unternimmt Friedrich wiederholt und immer geht mit ihnen das genaue Studium der umgebenden Natur einher. Zahllose Zeichnungen entstehen auf diese Weise. 1806 kehrt er noch einmal in seine Heimat und auf die Insel Rügen zurück, 1807 und auch 1808 reist er von Dresden aus nach Nordböhmen, 1809 geht es wiederum in seine Heimatstadt Greifswald und zu den Verwandten nach Neubrandenburg. Im Sommer 1810 macht er dann eine Wanderung durch das Riesengebirge, auf der ihn sein Freund und Künstlerkollege Georg Friedrich Kersting begleitet. 1811 bereist er zusam-

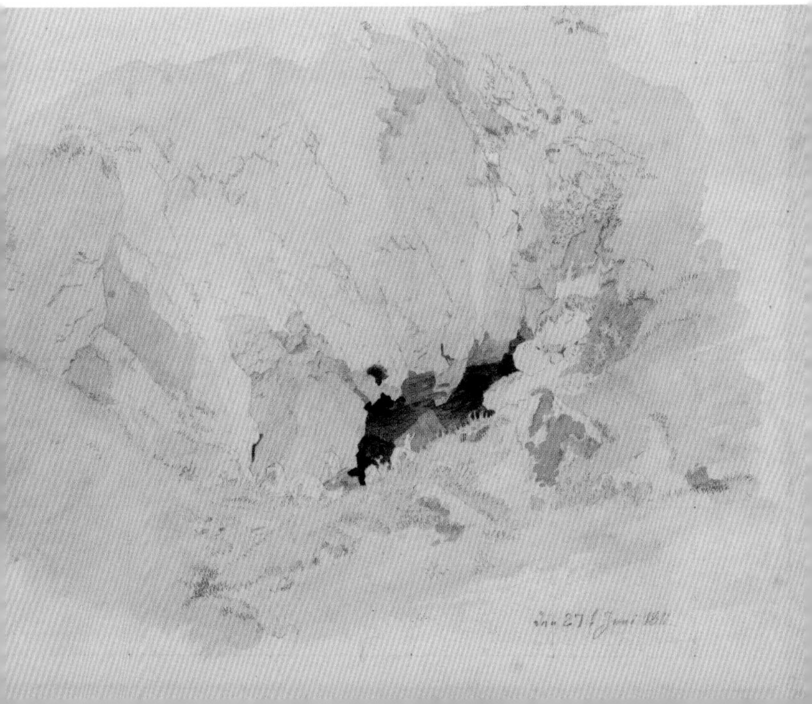

rechts: Caroline Bardua,
Bildnis Caspar David Friedrich,
1810, Öl auf Leinwand, 76,5 × 60 cm

men mit einem anderen Künstlerfreund, dem Bildhauer Christian Gottlieb Kühn, den Harz. Es ist die bergige, zerklüftete Landschaft, die Friedrich einmal mehr in ihren Bann zieht und aus der er die Inspiration für seine Gemälde schöpft. Die Zeichnung eines Marmorsteinbruchs, den er genauestens auf dem Papier festhält, bildet später die Grundlage für sein Gemälde *Grabmale alter Helden*.

EIN BESUCH BEI EINER FREUNDIN

Friedrich und Kühn machen auf ihrer Reise einige Tage Station in der kleinen Stadt Ballenstedt am Rande des Harzes. Dort wohnt die Familie Bardua. Caroline, die kaum dreißigjährige Tochter des Hauses, ist gut mit Friedrich bekannt, da sie selbst Malerin ist und vor ihrer Rückkehr in die Heimat in Dresden bei Friedrichs Kollegen Gerhard von Kügelgen studiert hat. Die Tage verbringt man mit Zeichnen, in den Abendstunden sitzt die Familie mit den beiden Gästen in geselliger Runde zusammen, es wird musiziert und gesungen. Die von Wilhelmine Bardua verfasste Lebensbeschreibung ihrer Schwester Caroline, die den Besuch des berühmten Künstlers ausführlich dokumentiert, enthält auch eine der eindrücklichsten Beschreibungen von Friedrichs Charakter: „Wie er in seinem Wesen erschien: still, verschlossen, weltscheu, absonderlich, tief denkend, voll warmer Liebe für Kunst und Natur – so waren auch seine Bilder: wunderbar einfach, melancholisch, eigentümlich, voll geistreicher, religiöser Bedeutung." Die Passage legt nahe, dass Friedrich in seiner Kunst einen Ausdruck für sein Innerstes gefunden hat, ja, dass sich sein Charakter ganz unmittelbar in seinen Werken manifestiert. Auch Friedrichs Aussehen bezieht Wilhelmine auf seine Wesenszüge: „Mit diesem Hang zur Melancholie brachte man den enormen Bart, den er trug,

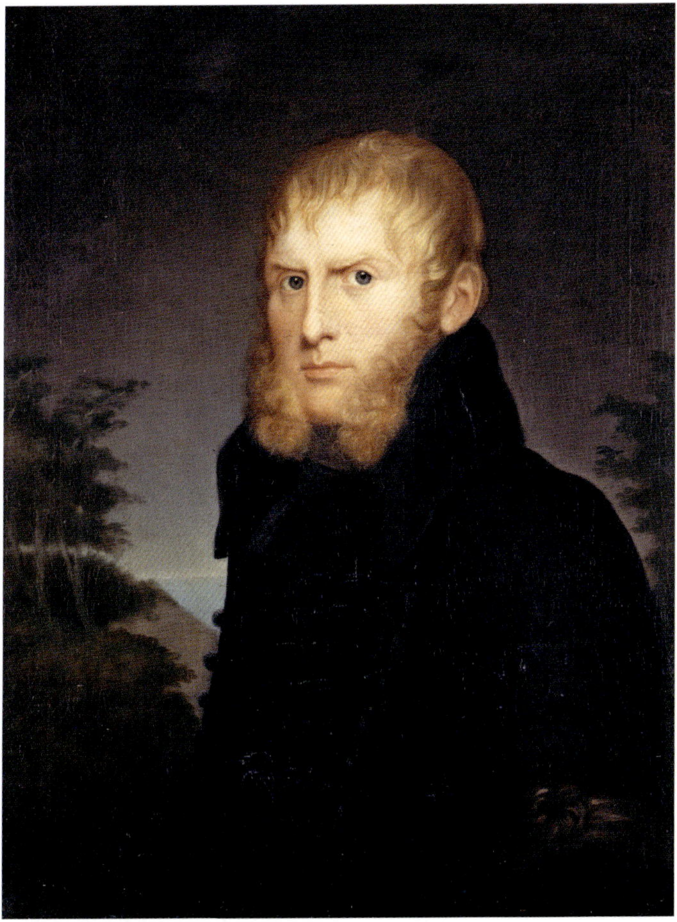

in Verbindung." Tatsächlich wird der auffällige Backenbart zu einem Kennzeichen Friedrichs und dabei immer wieder bei Beschreibungen seines Äußeren hervorgehoben. So auch in jener der Weimarer Malerin Louise Seidler, die in Dresden bei Friedrich studiert: „In der Erscheinung glich Friedrich mit seinem aschblonden Haar und Bart, blauen Augen und kräftigem, ausdrucksvollen Gesicht ganz einem alten Germanen."

Friedrich zeichnet

Schon Friedrichs künstlerische Anfänge in Greifswald sind eng mit dem Zeichnen verbunden. Auch an den Akademien gehört das Erlernen des Umgangs mit dem Zeichenstift und der Feder zu den Grundlagen der Ausbildung. Tatsächlich arbeitet Friedrich bis in das Jahr 1807 beinahe ausschließlich auf Papier, bevor seine ersten Ölgemälde entstehen.

Als Zeichner war Friedrich außerordentlich produktiv. Weit mehr als 1000 Zeichnungen hat er im Laufe seines Lebens zu Papier gebracht. Diese reichen von Skizzen und Studien nach der Natur über Entwurfszeichnungen bis hin zu großformatigen Sepien und Aquarellen. Friedrich ist seiner Technik über viele Jahrzehnte weitestgehend treu geblieben. Sein am häufigsten verwendetes Zeichenmittel ist der Bleistift, den er in verschiedenen Härtegraden einsetzt. Mit dem Bleistift ist er in der Lage, auch kleinste Details, etwa von Bäumen oder Pflanzen, genauestens auf dem Papier zu erfassen. Vor allem auf seinen Wanderungen und Reisen ist das überaus praktisch. So kann er jedes Mal schnell eines seiner Skizzenbücher zücken und jeden noch so flüchtigen Eindruck einfangen. Weit mehr als 20 Skizzenbücher dürfte er so bis zu seinem Tod gefüllt haben. Auf diese Weise schuf er sich ein beinahe unbegrenztes Motivrepertoire, aus dem er sein

Studien von Segelschiffen, 1818, Bleistift auf Papier, 20,2 × 12,7 cm

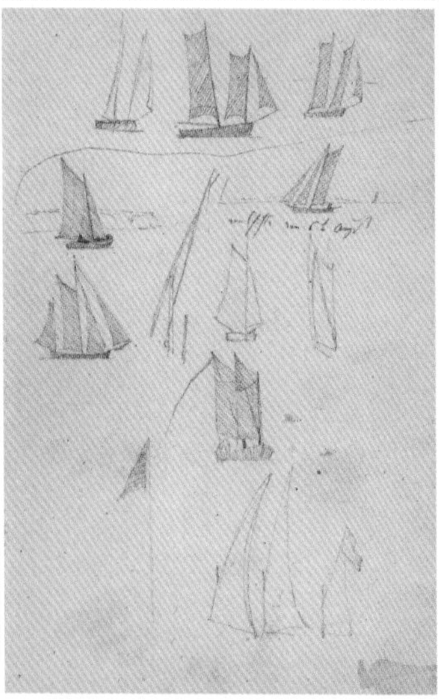

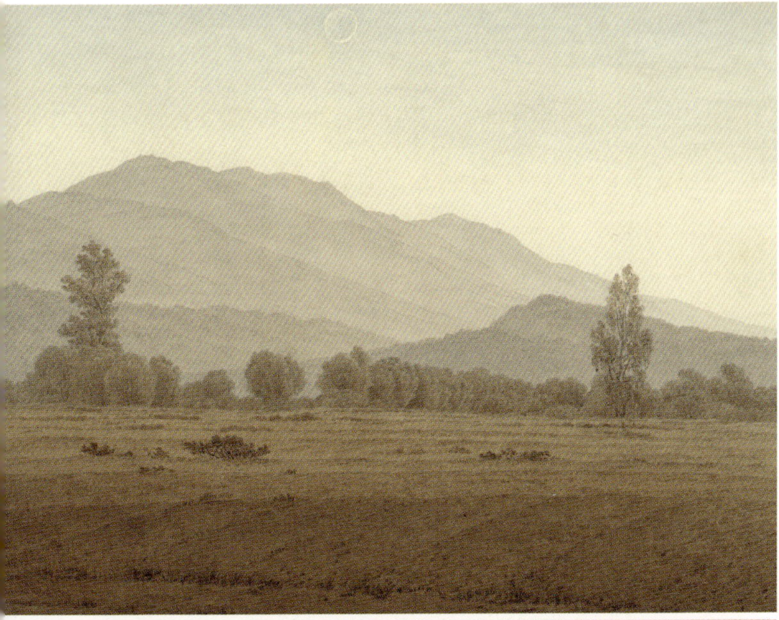

Neumond über dem Riesengebirge, 1810 oder 1828/35, Aquarell über Bleistift, 26,2 × 36,5 cm

ganzes Leben lang schöpfen konnte. Seine Studienzeichnungen übernimmt Friedrich zum Teil unverändert in seine Gemälde, ja er setzt seine Gemälde zum Teil sogar aus einer ganzen Reihe unterschiedlicher Studien aus verschiedenen Zeiten zusammen.

Den Bleistift nutzt Friedrich aber auch für seine Sepien und Aquarelle. Er legt damit sehr detaillierte Vorzeichnungen an, die schon alle Details der späteren Zeichnung zeigen. Auf diese Weise schafft er eine präzise Grundlage für die folgende Lavierung, also den dünnen Auftrag der Farbe mit dem Pinsel. So gelingt es ihm meisterhaft, Detailgenauigkeit mit einer präzisen Wiedergabe der Farbigkeit zu verbinden. Besonders seine Aquarelle vermitteln einen außerordentlich wirklichkeitsnahen Eindruck.

Es ergriff alle, die ins Zimmer traten, als beträten sie einen Tempel. Die größten Schreihälse, selbst Beschoren, sprachen leise und ernsthaft wie in einer Kirche.

Helene Marie von Kügelgen, die Ehefrau von Friedrichs Künstlerkollegen Gerhard von Kügelgen, über die Präsentation des *Tetschener Altars* in Friedrichs Atelier

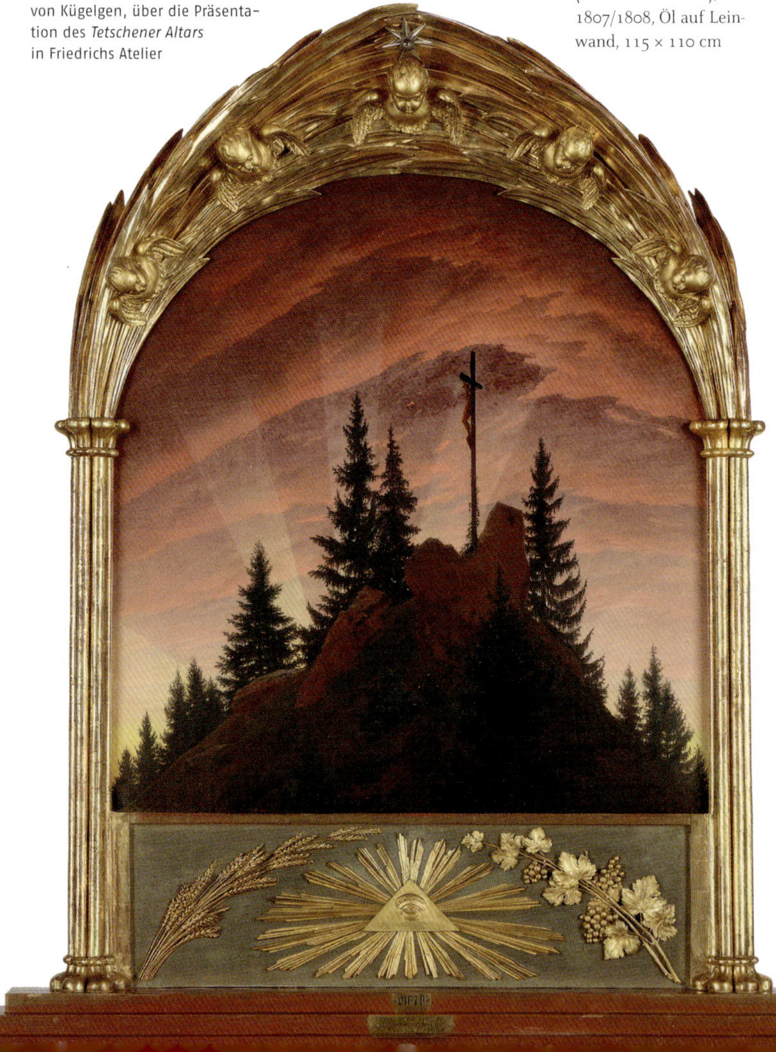

Das Kreuz im Gebirge (Tetschener Altar), 1807/1808, Öl auf Leinwand, 115 × 110 cm

Friedrich in der Kritik

Zu Friedrichs ersten großformatigen Ölgemälden gehört das Gemälde mit dem unscheinbaren Titel *Das Kreuz im Gebirge*, das heute unter der Bezeichnung *Tetschener Altar* weltberühmt ist. Die geläufigere Benennung rührt daher, dass das Gemälde in den Besitz des Grafen Anton von Thun-Hohenstein kommt, der es in sein Schloss in Tetschen (Děčín) im heutigen Tschechien verbringt. Zur Weihnachtszeit 1808 wird das Gemälde zum ersten Mal öffentlich in Friedrichs Atelier ausgestellt und provoziert sogleich einen Skandal, der als *Ramdohr-Streit* in die Kunstgeschichte eingehen wird.

Doch zunächst zum Gemälde selbst: Im Zentrum der nach oben halbrund abgeschlossenen Bildfläche ist ein hoher Fels vor Augen gestellt, auf dem einige Tannen wachsen. Auf dem Gipfel steht ein hohes Kreuz mit einem Kruzifix. Der gekreuzigte Christus ist dabei vom Betrachter abgewandt und wird von der untergehenden Sonne beschienen, die noch hinter dem Felsen hervorstrahlt. Der Himmel ist in ein stimmungsvolles Abendrot getaucht. Eingefasst ist das Bild in einen goldenen Rahmen, den der schon genannte Christian Gottlieb Kühn nach den Angaben Friedrichs anfertigt. Zu diesem Rahmen liefert Caspar David Friedrich selbst eine Beschreibung: „Unten ist in länglicher Füllung das allsehende Auge Gottes vom heiligen Dreieck eingeschlossen mit Strahlen umgeben. Kornähren und Weinranken neigen sich zu beiden Seiten gegen das allsehende Auge. Das ist zu deuten auf Leib

In der Tat ist es eine wahre Anmaßung, wenn Landschaftsmalerei sich in die Kirchen schleichen und auf Altäre kriechen will.

Basilius von Ramdohr mit Blick auf Friedrichs *Kreuz im Gebirge*

Friedrich ist noch immer der einzige geblieben, welcher in landschaftliche Gemälde und Zeichnungen mythisch-religiöse Bedeutung zu legen versuchte.

Johann Wolfgang von Goethe

und Blut dessen der ans Kreuz geheftet ist." Seine Beschreibung ist auch deshalb aufschlussreich, weil sie den religiösen Inhalt seiner Erfindung deutlich macht und gleichzeitig den Bezug zwischen Gemälde und Rahmen herstellt. „Der ans Kreuz geheftet ist", ist mit dem Kruzifix im Gemälde gleichzusetzen. Mit anderen Mitteln drückt also auch der Rahmen das aus, was Friedrich in der Malerei darzustellen beabsichtigt. Offenbar handelt es sich beim *Kreuz im Gebirge* also um ein religiöses Gemälde. Doch wieso ist das ein Problem und wieso provoziert das *Kreuz im Gebirge* heftigen Widerspruch?

Die Kritik an Friedrichs Bild formuliert der Dresdner Kammerherr Basilius von Ramdohr in einer der zeitgenössischen Literaturzeitschriften. Kurz gesagt wirft er Friedrich vor, mit diesem Gemälde die Regeln der Landschaftsmalerei zu verletzen und diese Gattung für eine religiöse Aussage in Dienst zu nehmen. Eine Funktion, die ein Landschaftsgemälde seiner Meinung nach weder erfüllen kann noch soll. Die Auseinandersetzung über diese Fragen wird daraufhin mit einiger Heftigkeit geführt, schließlich sieht sich auch Friedrich zu einer Klarstellung gezwungen. Diese liefert nicht nur die zitierten Aussagen über die Bildinhalte, sondern ist ausgesprochen polemisch und ironisch. Er schreibt in der dritten Person über sich: „Wäre das Bild des Malers Friedrich nach den durch Jahrhunderte geheiligten und anerkannten Regeln der Kunst verfertigt; das heißt mit anderen Worten: hätte Friedrich sich der Krücken der Kunst bedient, und nicht die Vermessenheit gehabt, auf eigenen Füßen gehen zu wollen, wahrlich der Herr Kammerherr von Ramdohr hätte sich nimmer aus seiner Ruhe stören lassen. Wäre Friedrich auf der einmal gebahnten Straße einhergegangen, wo jeder Esel seinen Sack trägt, wo Hund und Katz der Sicherheit wegen wandelt; weil die berühmten Künstler der Vorzeit als Muster und Vorbilder für Jahrtausende da aufgestellt worden, wahrlich der Kammerherr von Ramdohr hätte geschwiegen."

Friedrich macht hier deutlich, dass er in seinem Gemälde ganz bewusst mit den Konventionen der Landschaftsmalerei brechen und die ausgetretenen Pfade verlassen will. Er hält Ramdohr offenbar für unfähig, seine konventionellen Vorstellungen abzulegen und sich auf das Neuartige und den Regelbruch in seiner Kunst einzulassen. Doch die Kritik und der Streit tun seiner Karriere keinen Abbruch – im Gegenteil: Friedrich wird noch bekannter, und seine Kunst ist mit einem Schlag in aller Munde.

DER *MÖNCH AM MEER* UND DIE *ABTEI IM EICHWALD*

Nur kurz nach der Vollendung des *Kreuzes im Gebirge* beginnt Friedrich seine beiden wohl berühmtesten Gemälde, den *Mönch am Meer* und die *Abtei im Eichwald.* Viele Monate arbeitet Friedrich an den Werken, überarbeitet sie zum Teil immer wieder, bevor er sie 1810 zum ersten Mal in Berlin ausstellt. Der junge preußische Kronprinz Friedrich Wilhelm sieht die beiden Bilder und ist hingerissen. Er bittet seinen Vater, sie zu erwerben. König Friedrich Wilhelm III. zahlt schließlich die großzügige Summe von 450 Talern für die beiden Bilder.

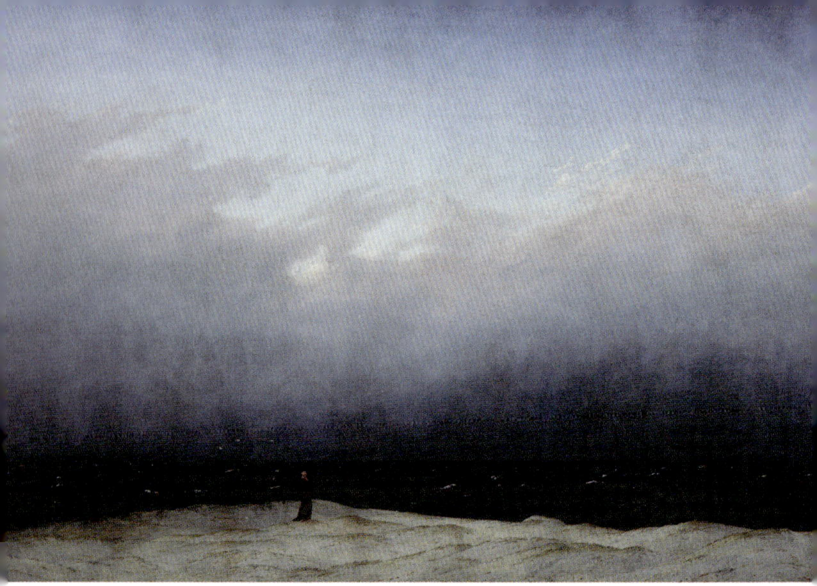

Mönch am Meer, 1810, Öl auf Leinwand, 110 × 171,5 cm

Vor allem der *Mönch am Meer* ruft sogleich wieder Kritiker und Rezensenten auf den Plan.

Besonders die Bildauffassung irritiert, die wiederum eine radikale Abkehr von den zeitgenössischen Konventionen der Landschaftsmalerei vollzieht und die in ihrer Reduktion auf wenige Elemente im Bild und damit auch in ihrer Konzentration bis dahin einzigartig ist. Goethe reizen Friedrichs neuartige Bilderfindungen bis zur Wut. In einem Gespräch mit dem Kunstsammler Sulpiz Boisserée bricht es aus ihm heraus: Man könne die Bilder genauso gut auf dem Kopf aufhängen, lässt er wissen. Besser solle man sie gleich an der Tischkante zerschlagen, um sich abzureagieren. Wie viel Wahrheit in dieser drastischen Schilderung steckt, ist nicht ganz klar. Möglicherweise bauscht Boisserée die Episode nachträglich etwas auf. Auch dafür, dass Goethe als Bilderstürmer tätig wird und ein Werk Caspar David Friedrichs zerstört, gibt es keine Belege. Was

Da es, in seiner Einförmigkeit und Uferlosigkeit, nichts als den Rahmen zum Vordergrund hat, so ist es, wenn man es betrachtet, als ob einem die Augenlider weggeschnitten wären.

Heinrich von Kleist über den *Mönch am Meer*

vielmehr aus Goethes Reaktion spricht, ist die Schwierigkeit herauszufinden, was Friedrich eigentlich in seinen Bildern ausdrücken will und ob man das aus dem Dargestellten überhaupt erkennen kann. Goethes Antwort darauf ist klar. Egal wie herum man Friedrichs Gemälde aufhängt oder ansieht, sie sagen doch nichts aus. Hat Goethe damit recht?

Auch hier hilft wieder eine Äußerung Friedrichs, sich seinem Werk anzunähern. Beinahe poetisch scheibt er über den *Mönch am Meer*: „Und sännest Du auch vom Morgen bis zum Abend, vom Abend bis zur sinkenden Mitternacht; dennoch würdest Du nicht ersinnen, nicht ergründen, das unerforschliche Jenseits!" „Mit übermütigem Dünkel, wenn Du der Nachwelt ein Licht zu werden, zu enträtseln der Zukunft Dunkelheit! Was heilige Ahndung nur ist, nur im Glauben gesehen und erkannt; endlich klar zu wissen und zu verstehen." Und in direkter Anspielung auf die Figur in seinem Gemälde fügt er an: „Tief sind seine Fußstapfen am öden sandigen Strande; doch ein leiser Wind weht darüber hin, und Deine Spur wird nicht mehr gesehen: Törichter Mensch voll eitlem Dünkel!"

Die Figur im Bild, der Mönch, erscheint jetzt als Denker, der nach Wissen strebt, nach Welterkenntnis. Für Friedrich aber ist dieses menschlich Streben eitel, es ist aussichtslos. So erhält das Gemälde eine seltsame Wendung. Es scheint, als wolle

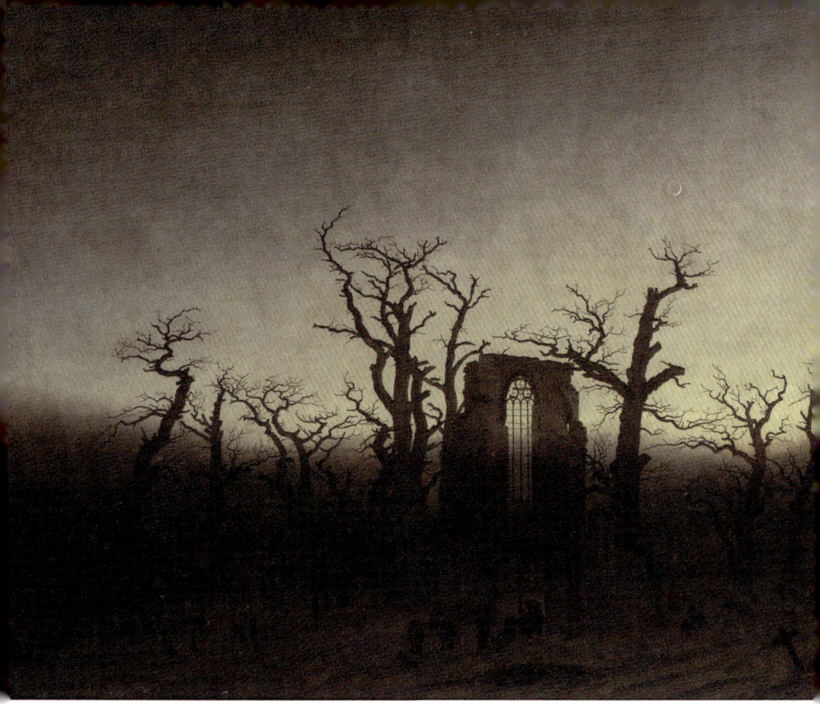

Abtei im Eichwald, 1810, Öl auf Leinwand, 110,4 × 171 cm

Friedrich den Betrachter seines Werkes dazu anregen, sich mit der kleinen, einsamen Figur zu identifizieren und ihn auffordern, über die durch das Meer und den Himmel ausgedrückte Unendlichkeit als Gegenbild zur Beschränktheit des menschlichen Lebens zu reflektieren.

Allerdings ist der Denker für Friedrich nicht positiv besetzt, sondern eine fehlgeleitete Figur, die mit ihrem Ansinnen keinen Erfolg haben kann. Denn wahre Erkenntnis liegt nach Friedrichs protestantischer Überzeugung nur im Glauben begründet. Trotz – oder gerade mit dieser von Friedrich selbst gegebenen Beschreibung seines Bildgedankens öffnen sich im *Mönch am Meer* darüber hinaus für den Betrachter vielfältige Gedanken- und Reflexionsräume, um über so abstrakte

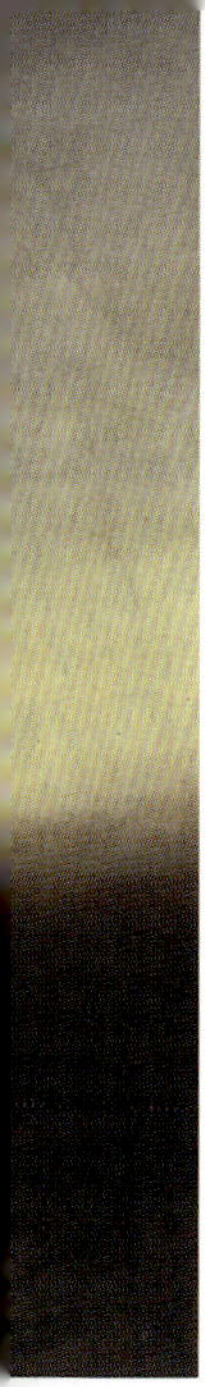

Themen wie Unendlichkeit und die Reichweite des menschlichen Verstandes zu reflektieren.

Das Pendantbild, die *Abtei im Eichwald,* hat den Tod und das Jenseits zum Thema. Es ist ein Zug von Mönchen dargestellt, die einen Sarg zu einer Kirchenruine tragen. Diese ist umgeben von einem Friedhof. Knorrige Eichen ragen in den Himmel. Der untere Bereich des Bildes ist in dichten Nebel gehüllt. Die Todesthematik der *Abtei im Eichwald* greift umgehend der Dichter Theodor Körner auf. Er verfasst das Gedicht *Friedrichs Totenlandschaft,* das 1815 erscheint. In diesem überträgt er Friedrichs Malerei in Poesie und ist damit in der Lage, das abstrakte Thema des Gemäldes auf eine andere Weise anschaulich zu erfassen.

> *Auf Gräbern liegt, als wollt' er ewig dauern,*
> *Ein tiefer Schnee, der Erde still verschwistert,*
> *Und finstrer Nebel, der die Nacht umdüstert,*
> *Umarmt die Welt mit kalten Todesschauern.*
>
> *Es blickt der Silbermond in bleichem Zittern*
> *Mit stiller Wehmut durch die öden Fenster –*
> *Auch seiner Strahlen sanftes Licht verglüht!*
>
> *Und leis' und langsam zu des Kirchtors Gittern,*
> *Still wie das Wandern nächtlicher Gespenster,*
> *Ein Leichenzug mit Geisterschritten zieht.*
>
> Aus: Theodor Körner, *Friedrichs Totenlandschaft*, 1815

Friedrichs Bilderpaare

Eine ganze Reihe von Friedrichs Gemälden und auch Zeichnungen sind nicht als Einzelbilder angelegt, sondern als Bilderpaare, auch *Pendants* genannt. Zu den berühmtesten gehören der *Mönch am Meer* und die *Abtei im Eichwald.* Friedrich ist nicht der Erste, der mit solchen Pendants arbeitet. Schon im 17. Jahrhundert sind es vor allem Landschaften, die als Paare entstehen. Zwei Werke haben den Vorteil, mehr Raum für einen Bildgedanken zu bieten. In zwei Bildern können aber auch Gegensätze oder Zeitverhältnisse besser illustriert werden.

Ein frühes Beispiel für Friedrichs Bilderpaare sind die beiden Zeichnungen, die er 1805 nach Weimar an Goethe schickt. 1807 und 1808 entstehen zwei weitere Bilder, die sich schon durch die Themenwahl als Pendants zu erkennen geben. Sie zeigen die Jahreszeiten Sommer und Winter.

Auf dem einen Gemälde ist eine duftige, sommerliche Landschaft gezeigt. In einer kleinen Hütte umarmt sich ein junges Liebespaar. Sie sind umgeben von blühenden Pflanzen, auf dem Dach sitzt ein Paar Turteltauben. Auch in der wunderbaren Saftigkeit der Farbe ist das Glück des Paares ausgedrückt. Der Fluss im Hintergrund steht für den beginnenden gemeinsamen Lebensweg. *Der Sommer* ist eines der wenigen Gemälde Friedrichs, das sehr viele klassische Elemente der Landschaftsmalerei aufgreift. So sind die Figuren im antiken Stil gekleidet, und das Motiv des Liebespaars in der Hütte scheint einem Gemälde von Nicolas Poussin in der Dresdner Gemäldegalerie entnommen. Poussin gilt als einer der größten Landschaftsmaler überhaupt und wurde Vorbild für ganze Künstlergenerationen.

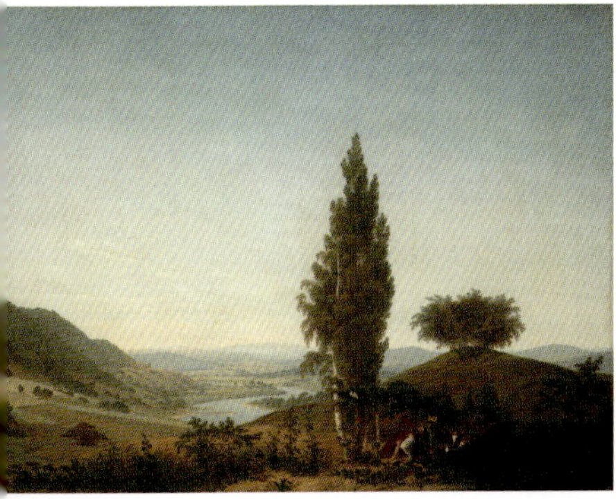

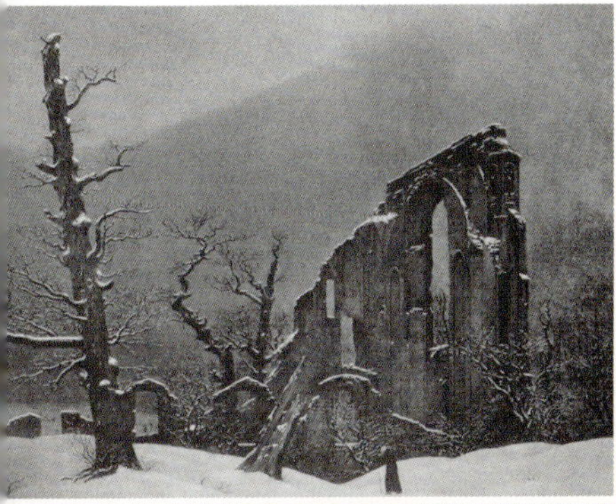

Der Sommer, 1807, Öl auf Leinwand, 71,4 × 103,6 cm

Der Winter, 1808, Öl auf Leinwand, 73 × 106 cm (1931 verbrannt)

Ganz im Gegensatz dazu steht *Der Winter*. Statt der klaren Helligkeit des Sommers zeigt das Bild eine verschneite Ruine. Vorne ist ein Mönch zu erkennen, der allein im Schnee umherwandelt. Der Zweisamkeit im Sommer ist hier die Einsamkeit entgegengestellt. Im Hintergrund, zwischen den Mauerdurchbrüchen, ist ein Friedhof zu erkennen. Mit dem Winter ist also auch der Tod ins Bild gesetzt.

Das Gemälde verbrennt am 6. Juni 1931 mit einer großen Zahl weiterer Werke im Münchener Glaspalast. Zu dieser Zeit ist es dort in der Ausstellung *Werke deutscher Romantiker von Caspar David Friedrich bis Moritz von Schwind* ausgestellt. Bei der Katastrophe werden über 100 der bedeutendsten Werke von Künstlerinnen und Künstlern der deutschen Romantik, wie Carl Blechen, Joseph Anton Koch, Philipp Otto Runge oder Luise Seidler, zerstört.

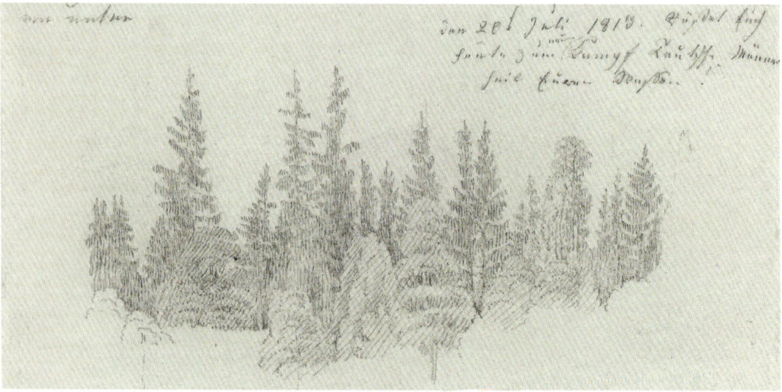

Wald bei Krippen, 1813, Bleistift, 5,8 × 11,1 cm

Politische Überzeugungen

1806 ist ein entscheidendes Jahr in der deutschen Geschichte. Mit dem Sieg in der Doppelschlacht von Jena und Auerstedt sichert sich Napoleon die Herrschaft über Europa. Preußen muss sich schwer geschlagen zurückziehen, im Oktober erreicht Napoleon Berlin. Das Heilige Römische Reich Deutscher Nation bricht auseinander, Franz II. dankt als dessen Kaiser ab. Es ist eine Zeit nachhaltiger Umwälzungen in Staat und Gesellschaft. Der starke französische Einfluss ruft in Deutschland schnell eine antinapoleonische Bewegung hervor. 1813 brechen die **Befreiungskriege*** aus. Der Ausgang ist zunächst unklar.

GEGEN NAPOLEON

Im selben Jahr noch marschiert Napoleon auch in Dresden ein, Caspar David Friedrich wird dadurch gezwungen, aus der Stadt zu fliehen und zieht sich in das Elbsandsteingebirge zurück. Dort entsteht eine kleine Zeichnung, auf der er seine brodelnden Gedanken dieser Zeit auch schriftlich niederlegt.

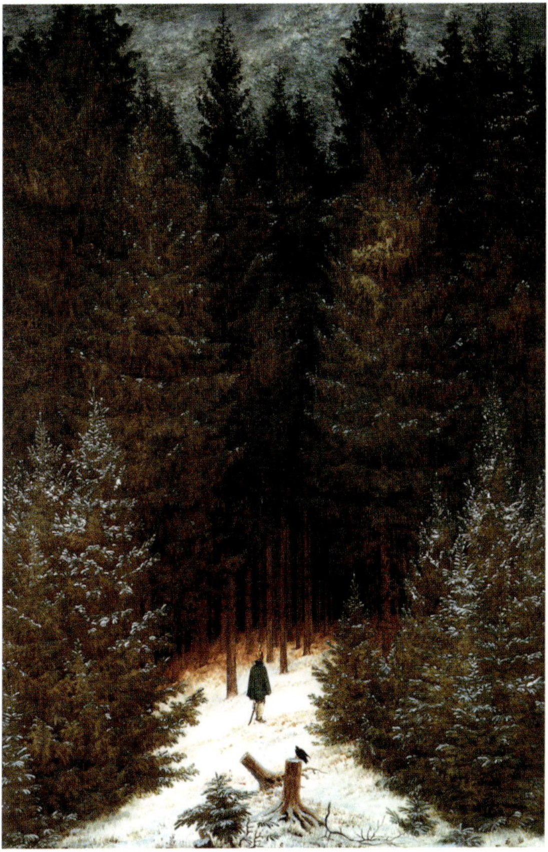

Der Chasseur im Wald, 1814, Öl auf Leinwand, 66 × 47 cm

Können selbst die Tannen als antifranzösisches **Symbol*** verstanden werden? Dies legt jedenfalls der Vergleich mit dem nur ein Jahr später entstandenen Gemälde *Der Chasseur im Wald* nahe. Gezeigt ist dort ein einziger französischer Soldat, ausweglos zwischen beinahe erdrückenden Tannen gefangen. Im Jahr nach der vernichtenden Niederlage Napoleons in der Völkerschlacht bei Leipzig ist dieses Bild eine Erinnerung an den Sieg. So leise es in seiner Gestaltung auch daherkommen

Grabmale alter Helden, 1812,
Öl auf Leinwand, 49,3 × 69,8 cm

mag, so unscheinbar es wirkt, seine Aussage ist drastisch. Es ist ein **Historienbild*** im Gewand eines Landschaftsgemäldes, in dem Friedrich seine radikale Haltung gegenüber den Franzosen zum Ausdruck bringt. Ja man könnte sagen, Friedrich ist ein Franzosenhasser.

Schon früh zeigt Friedrich seine antinapoleonische Haltung. 1808 schreibt er an seinen Bruder Christian, der sich auf seiner Gesellenwanderung gerade in Frankreich aufhält: „Lieber guter Bruder! Vorgestern abends spät erhielt ich Deinen Brief, und als ich gedruckt LYON auf der Anschrift las und Deine Hand erkannte, grollte es mir im Herzen, und um mir nicht die Nacht zu verderben, las ich Deinen Brief erst gestern. Du fühlest es selbst, daß es nicht recht ist, daß Du als Deutscher in Frankreich bist, und das tröstet mich noch einigermaßen, denn sonst würde ich ganz an deiner Deutschheit zweifeln."

1812 entsteht das Gemälde *Grabmale alter Helden*, das dieser Haltung einen bildlichen Ausdruck gibt. Dargestellt ist der Ausgang einer Felsenschlucht, vor der auf grüner Wiese einige Grabmäler platziert sind. Sie stehen für die im Krieg gegen Napoleon gefallenen deutschen Freiheitskrieger. Auf einem anderen ist der Schriftzug „Arminius" zu lesen. Er erinnert an den germanischen Fürsten, der die Römer in der Varusschlacht

Rüstet euch heute zum Kampf Deutsche Männer. Heil euren Waffen!

Caspar David Friedrich auf der Zeichnung, die 1813 in Krippen im Elbsandsteingebirge entstand

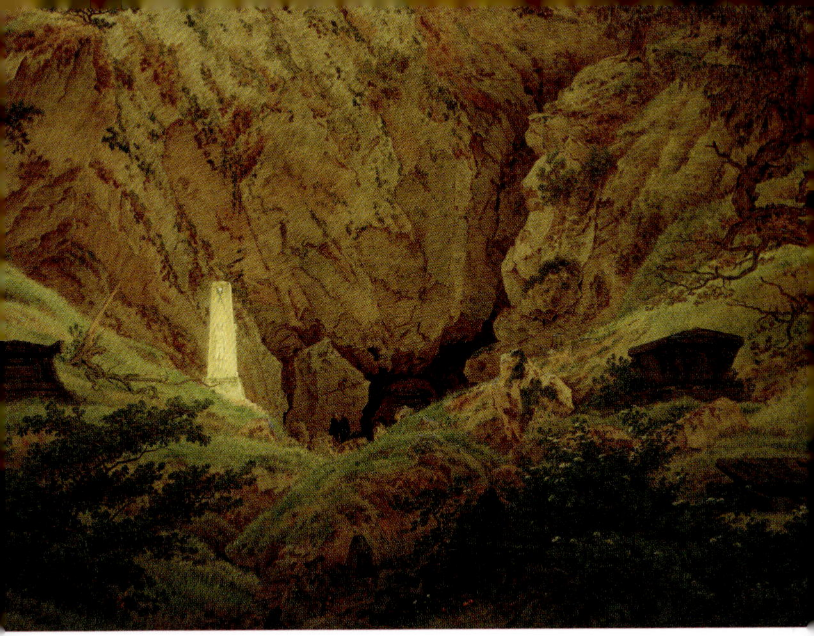

besiegt hat. Im 19. Jahrhundert ist er Teil des Gründungsmythos Deutschlands und wird zu einer Identifikationsfigur des nationalistisch gesinnten Widerstands gegen Napoleon.

FRIEDRICHS UNTERSTÜTZUNG DER BEFREIUNGSKRIEGE

Tatsächlich beginnt Friedrich in diesen Jahren intensiv, Denkmäler zu entwerfen, die er ihm vorbildhaft erscheinenden Personen widmen will. Dazu steht er in Austausch mit dem Dichter Ernst Moritz Arndt, einem der Wortführer der deutschnationalen Bewegung. Er lernt ihn 1813 bei einem Besuch Arndts in Dresden auch persönlich kennen. Arndt soll den Text für ein Denkmal liefern, das Friedrich in Andenken an den preußischen General Gerhard von Scharnhorst in einem Gemälde darstellen will. Scharnhorst stirbt 1813 infolge einer in einer Schlacht der Befreiungskriege erlittenen Verletzung und gilt Friedrich somit als „Held".

Aus dem Brief, den Friedrich aus diesem Anlass an Arndt richtet, wird überdies deutlich, dass Friedrich ein erklärter Gegner des ständischen Obrigkeitsstaates war: „Solange wir Fürstenknechte bleiben, wird auch nie etwas Großes der Art geschehen. Wo das Volk keine Stimme hat, wird dem Volk auch nicht erlaubt, sich zu fühlen und zu ehren." Das Gemälde mit dem Denkmal für Scharnhorst malt Friedrich aufgrund der politischen Umstände übrigens nie.

Nicht zuletzt nehmen in dieser Zeit auch Hünengräber und Eichen in Friedrichs Werken die Funktion patriotischer Symbole an. Und selbst die Kleidung wird zu einem Zeichen der politischen Gesinnung. Die sogenannte altdeutsche Tracht geht auf die Reformationszeit zurück und steht damit für eine vermeintlich vorbildhafte Epoche deutscher Geschichte. Ernst Moritz Arndt ist einer der Verfechter dieser Mode, die er in seiner Schrift *Über Sitte, Mode und Kleidertracht* bekannt macht. Figuren in Friedrichs Gemälden tragen ebenfalls oft die altdeutsche Tracht, darunter die berühmten *Männer in Betrachtung des Mondes*. Friedrich unterstützt die Befreiungskämpfer auch ganz direkt. Zusammen mit seinem Dresdner Künstlerkollegen Gerhard von Kügelgen finanziert er dem Freund und Maler Georg Friedrich Kersting die Uniform für den Kriegseinsatz. Tatsächlich ziehen nicht wenige Künstler in den Krieg, etwa Philipp Veit oder Friedrich Olivier. Ebenso Schriftsteller, wie der schon erwähnte Theodor Körner.

Ruhigere Zeiten brechen an

Nach der Niederlage Napoleons 1813 und dem Ende der Kriegshandlungen beruhigen sich auch die Verhältnisse um und für Caspar David Friedrich. Ende 1816 wird er in die Dresdner Akademie aufgenommen, mit einem festen Jahresgehalt von 150 Talern. Er ist damit auch ein Stück weit unabhängiger von anderen Einkommensquellen. Wohl auch aus diesem Grund entscheidet sich der bis dahin eingefleischte Junggeselle, über die Liebe nachzudenken. Am 21. Januar 1818 heiratet er Caroline Bommer, die fast 20 Jahre jünger ist als er. Friedrich ist mit den Bommers befreundet, kennt seine zukünftige Frau schon einige Jahre und weiß also, auf wen er sich einlässt. Die Hochzeit findet nur im kleinen Kreis in der Dresdner Kreuzkirche statt. Seine Familie sowie Freunde und Bekannte in der Heimat setzt er erst eine Woche später mit einem Brief über dieses Ereignis in Kenntnis. Die ersten Tage des ungewohnten Ehelebens beschreibt er darin als „schnurrig". Caroline kocht nun für ihn, und er streift auch jetzt abends nicht mehr allein durch die Gegend, sondern genießt die neu gewonnene Gesellschaft seiner Frau. Aus seinen Worten spricht eine große Wertschätzung gegenüber den neuen Lebensumständen. Zwar muss er nun mehr Geld ausgeben, im Gegenzug wird aber im Hause Friedrich auch „mehr gelacht, mehr geschäkert, mehr gelepscht." Drei Mal wird das Paar Eltern, ein viertes Kind wird tot geboren.

Kurz, seit sich das Ich in Wir verwandelt, ist gar manches anders geworden.

Caspar David Friedrich im Brief an Verwandte und Bekannte über das Eheleben

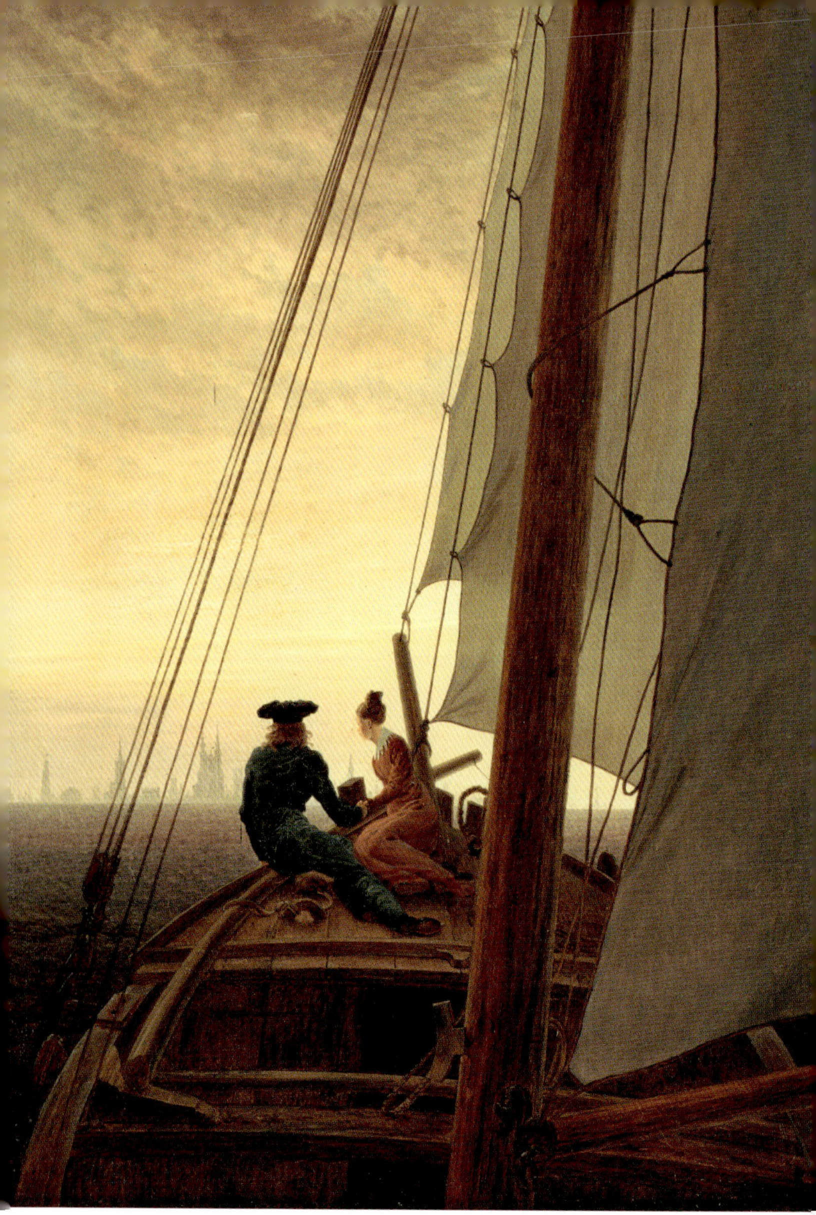

Auf dem Segler, 1818/1820, Öl auf Leinwand, 71 × 56 cm

AUF HOCHZEITSREISE

Noch im selben Jahr geht es auf Hochzeitsreise in die Heimat Friedrichs nach Greifswald und auf die Insel Rügen. Das Gemälde *Auf dem Segler* nimmt sehr wahrscheinlich auf diese persönliche Erfahrung Bezug. Der Mast und die aufgeblähten Segel, die die rechte Seite des Bildes einnehmen, geben dem Betrachter den Eindruck, mit auf dem Segler zu fahren und lenken seinen Blick gleichzeitig auf die beiden Personen, die auf dem Bug des Schiffes sitzen. Es ist ein Paar, das seine Hände ineinandergelegt hat. Der Mann ist in Rückansicht dargestellt, die Frau erscheint im Profil. Sie blicken – zusammen mit dem Betrachter – hinaus über das stille Meer auf eine Hafenstadt, deren Silhouette sich im Hintergrund abzeichnet. Der Himmel ist in leuchtendes Gelb getaucht.

Es liegt nahe, in dieser Darstellung Anspielungen auf Friedrichs eigene Lebenssituation zu erkennen. Das Gemälde zeigt sehr anschaulich den gemeinsamen Weg eines Paares, die Lebensreise, die hier als Fahrt auf dem Segelschiff ins Bild gesetzt ist. Dass die Stadtsilhouette auf das Leben nach dem Tod verweisen soll, ist eine Deutung. Doch auch das Bild der Ehe als Hafen war in dieser Zeit schon bekannt, und so könnte die Stadt auch das Ziel des gemeinschaftlichen Lebens in der Ehe meinen. So scheint Friedrich hier das positive Bild des glücklichen gemeinsamen Lebenswegs zeichnen zu wollen. Ganz so, wie er es in seinem zitierten Brief schildert.

Unzweifelhaft haben Friedrichs persönliche Umstände Einfluss auf die Bilderfindung, ja vielleicht gibt ihm die Hochzeitsreise sogar den Anlass, über das Thema der Lebensreise eines Paares nachzudenken. Um eine Darstellung seiner Hochzeitsreise handelt es sich aber nicht. Für einen eher losen persönlichen Bezug spricht übrigens auch, dass Friedrich das Gemälde nur wenige Jahre nach Entstehung verkauft – mit einem Andenken an seine Hochzeitsreise hätte er das wohl nicht getan.

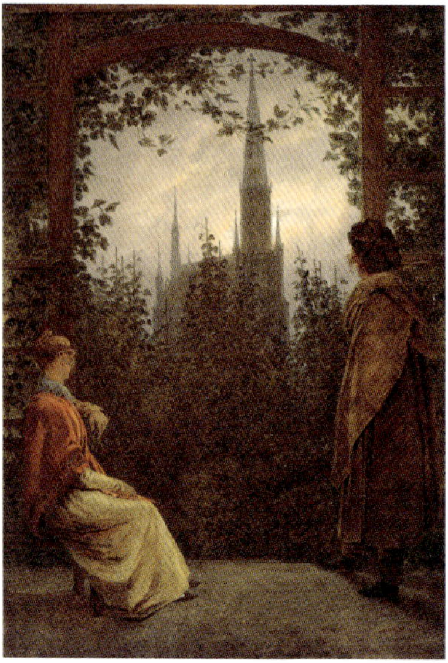

Gartenlaube, 1818, Öl auf Leinwand, 30 × 21,5 cm

Daher ist es auch nicht wahrscheinlich, dass es sich bei dem Paar im Bild um Friedrich und seine Frau handelt. Vielmehr sind die Figuren Prototypen, die mehrmals in Friedrichs Werken Verwendung finden und dazu dienen, eine bestimmte Bildidee zum Ausdruck bringen zu können. Das Paar findet sich ganz vergleichbar in der etwa zeitgleich entstandenen *Gartenlaube*, einem Gemälde, das ebenfalls die gemeinsame Hinwendung eines Paares auf eine sich im Hintergrund entfaltende, visionäre Szene zum Thema macht.

DIE KREIDEFELSEN AUF RÜGEN

Zeitlich verbunden mit der Hochzeitsreise ist auch ein weiteres berühmtes Werk Friedrichs, die *Kreidefelsen auf Rügen*. Das Gemälde wird bisweilen als Liebesbild für seine Frau Caroline gedeutet. Die Frau links stehe für Caroline, Friedrich sei entweder der Mann am Boden oder der Mann auf der rechten

Seite. Letzteres schließt sich aus, denn die Interaktion findet zwischen den beiden erstgenannten Personen statt. So handelt es sich auch hier wahrscheinlich nicht um bestimmte Personen und auch der Bezug zum jung verheirateten Ehepaar bleibt spekulativ.

Das Gemälde zeigt im Vordergrund eine einigermaßen merkwürdige Szene. Die Frau hält sich sicher an einer der Wurzeln fest. Sie scheint mit ihrer Handbewegung den Mann vorzuschicken, der sich auf dem Boden kriechend dem Rand der Klippen nähert. Stock und Hut hat er von sich geworfen. Soll er ihr Blumen pflücken, die am Abgrund wachsen? Seine Hand greift allerdings nur in ein Grasbüschel, um Halt zu finden.

Ganz unbeeindruckt davon steht etwas abgesetzt rechts ein einzelner Mann, die Arme hat er vor der Brust verschränkt. Entspannt lehnt er an einem Baum, seine Füße ruhen auf den Ästen eines Busches wie auf einem Podest. Er scheint sich in stiller Kontemplation in den ungeheuren Anblick von Felsen und Meer zu vertiefen.

Das Gemälde zeigt keine real existierende landschaftliche Situation, auch wenn Friedrich dafür auf seine eigenen Zeichnungen der Kreidefelsen zurückgreift. Vielmehr handelt es sich hier um eine komponierte Landschaft. Besonders der Ausblick auf das Meer, der sich uns bietet, ist von Friedrich mit Hilfe der Bäume bewusst in einen Rahmen gesetzt. Offenbar will Friedrich in den Kreidefelsen den Betrachter zur Anschauung der Natur anregen, zur Erfahrung ihrer Gewalt und ihrer Erhabenheit. Die drei Figuren sind dazu der Schlüssel. Beinahe lächerlich erscheint hier das Paar, das nur mit sich selbst beschäftigt

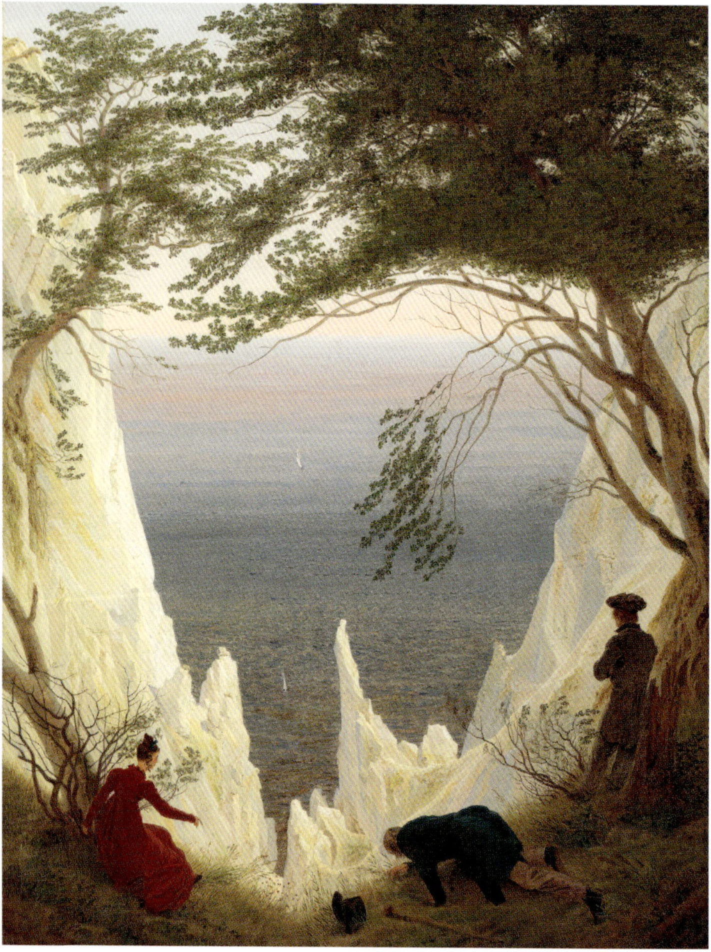

Kreidefelsen auf Rügen, 1818, Öl auf Leinwand, 90,5 × 71 cm

ist. Es hat keinen Blick für die wunderbare Natur, den klaffenden Abgrund der Kreidefelsen mit seinen scharfkantigen Zähnen oder die Weite des Meeres. Sie sind das Gegenbild des stehenden Mannes. Sie erfassen nicht, worüber er nachsinnt. Er ist daher die eigentliche Identifikationsfigur im Gemälde.

Sein Blick geht hinaus auf das Meer, auf dem zwei Segelboote fahren, in ihrer Größe beinahe unrealistisch auf zwei winzige weiße Punkte reduziert. Sie scheinen auf die Kleinheit und Beschränktheit des Menschen zu verweisen. Die Landschaft der Insel Rügen wird in den *Kreidefelsen* so zur Grundlage einer Reflexion des Menschen über sein Verhältnis zu Natur.

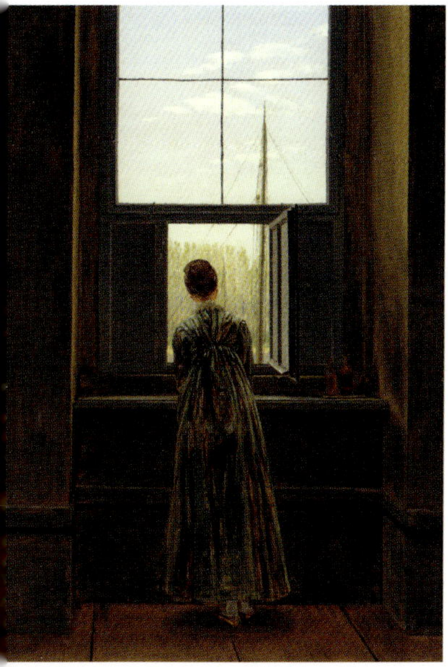

Frau am Fenster, 1818/1822, Öl auf Leinwand, 44,1 × 37 cm

FRAUENFIGUREN

Zurückgekehrt nach Dresden wird das neue Eheleben zum Alltag. Schnell ist die Junggesellenwohnung zu klein. Zwei Jahre nach der Hochzeit zieht das Paar um: An der Elbe 33 heißt die neue Adresse, dort wo heute in Dresden das Terrassenufer ist. Die Einrichtung muss Friedrich schon gleich nach der Hochzeit auf Wunsch seiner Frau austauschen. Seine alten Möbel werden ersetzt, neue müssen her: Schränke, Tische, Stühle und auch ein Lotterbett. Vorhänge werden aufgehängt. Auch neuer Hausrat wird angeschafft: „Kaffeetrommel, Kaffeemühle, Kaffeetrichter, Kaffeesack, Kaffeekanne, Kaffeetasse alles ist nötig geworden“, berichtet er an die Verwandtschaft. Offenbar ist seine Wohnung bis zur Hochzeit eher spartanisch eingerichtet gewesen. Und auch auf die Reinlichkeit im Haushalt wird jetzt verstärkt geachtet. Nur in seinem Atelier duldet der Maler keine Veränderung. Das bleibt so eingerichtet, wie es war.

In dieses Atelier blickt auch der Betrachter des Gemäldes *Frau am Fenster,* das wahrscheinlich schon ab 1818 entsteht und 1822 zum ersten Mal präsentiert wird. Dargestellt ist eine Fensternische in Friedrichs Arbeitsraum, in der eine junge Frau in Rückansicht steht. Diese blickt durch den geöffneten unteren Laden des hohen Atelierfensters hinaus auf die Elbe. Der obere Teil des Fensters gibt den Blick auf den Himmel frei. Masten von Segelbooten sind erkennbar, auf der anderen Seite des Flusses begrenzt eine Baumreihe den Blick in den Hintergrund. Nur ein paar Malutensilien stehen auf der rechten Seite des Fenstersimses. Da der Innenraum zweifelsfrei Friedrichs Atelier zeigt, liegt es nahe, die dargestellte Frau mit Caroline zu identifizieren. Auffällig ist die farbliche Einheit zwischen dem Kleid der Frau und dem sie umgebenden Raum. Das gesamte Bild ist bis auf den Himmel mit einer sehr beschränkten Farbpalette in Grün- und Brauntönen gemalt.

Es gibt verschiedene Deutungen für das Gemälde: Als religiöse Allegorie, in der Innen- und Außenraum auf das Diesseits beziehungsweise das Jenseits verweisen, so wie das Fensterkreuz auf Jesus Christus deute. Als Bild menschlicher Sehnsucht wird es verstanden, in dem auch die Unfreiheit der Frau in ihrer damaligen gesellschaftlichen Rolle reflektiert wird. Möglicherweise ist es auch eine Reflexion über das Sehen selbst, die etwa vom Fenster als „Bild im Bild“ ihren Ausgang nehmen könnte. So unterschiedlich die Deutungen sind, so klar ist doch, dass der Betrachter von Friedrich aufgefordert wird, sich mit der im Bild dargestellten Figur zu identifizieren und den

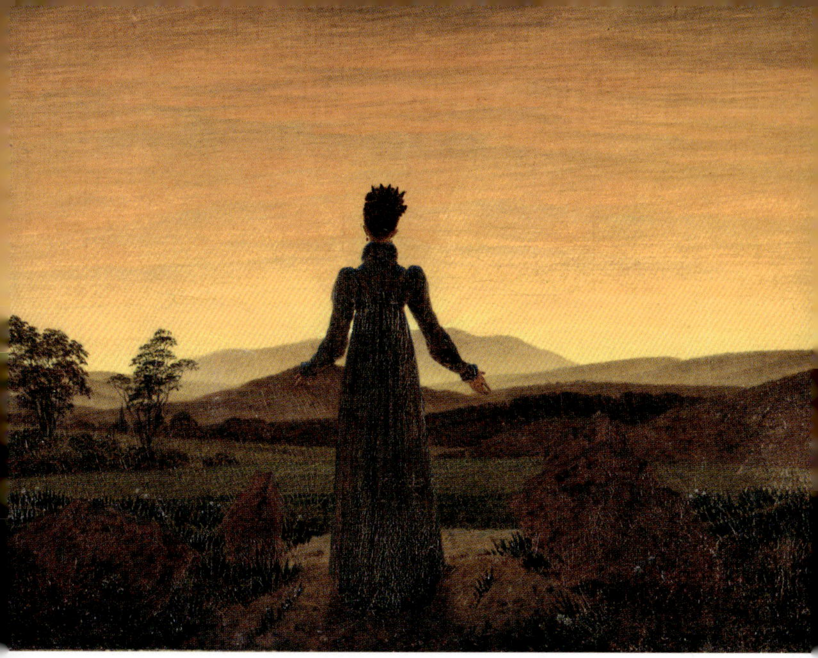

Frau vor untergehender Sonne, um 1818, Öl auf Leinwand, 22 × 30,5 cm

Versuch unternehmen soll, ihre Gedanken nachzuvollziehen. Die Rückenfigur gibt also wiederum den Anlass einer Reflexion des Dargestellten.

Auch in einem zeitgleich entstandenen Gemälde ist eine Frau in Rückansicht in das Zentrum einer Landschaft gestellt. Ihre Arme hat sie leicht erhoben. Sie blickt offenbar auf die Sonne, die hinter dem Gebirgszug unterzugehen scheint. Das ganze Bild ist von der warmen Farbigkeit der Abendsonne erfüllt und strahlt große Ruhe und Feierlichkeit aus. Die Frau ist kein Individuum, sondern eine Personifikation der Seele, die Sonne symbolisiert Gott. Die Erfahrung der wunderbaren Natur und ihrer Phänomene wird hier für Friedrich zu einer Begegnung mit dem Göttlichen.

Friedrichs Atelier

Friedrich hat sich entspannt auf einen Stuhl gestützt und betrachtet mit leicht geneigtem Kopf das Bild, das vor ihm auf der Staffelei steht. Welches Bild er sieht und vor allem was es darstellt, bleibt dem Betrachter verborgen. Es ist ein großes, leicht querrechteckiges Format, an dem Friedrich einige Zeit gearbeitet haben muss. Das Atelier ist seltsam aufgeräumt, die Malutensilien stehen geordnet auf dem Tisch. Auch Friedrichs Kleidung ist sauber und scheint unpassend für das bisweilen schmutzende Handwerk des Malers. In seiner Hand hält er eine Palette und Pinsel. Die Farben sind säuberlich nebeneinander aufgetragen, aber nicht vermischt. Auch mit den Pinseln scheint er nicht gemalt zu haben. Bemerkenswert ist zudem die Leere des Ateliers. Kein Studienmaterial ist zu sehen, keine Zeichnungen oder Ähnliches. Die Außenwelt scheint bis auf die kleine Öffnung des Atelierfensters vollkommen ausgeschlossen. Nur in diesem Bereich ist ein kleiner Ausschnitt des Himmels sichtbar. Das verwundert für einen Landschaftsmaler, wie es Friedrich war, doch sehr.

Georg Friedrich Kersting, **Gerhard von Kügelgen in seinem Atelier**, 1811, Öl auf Leinwand, 53,5cm × 42 cm

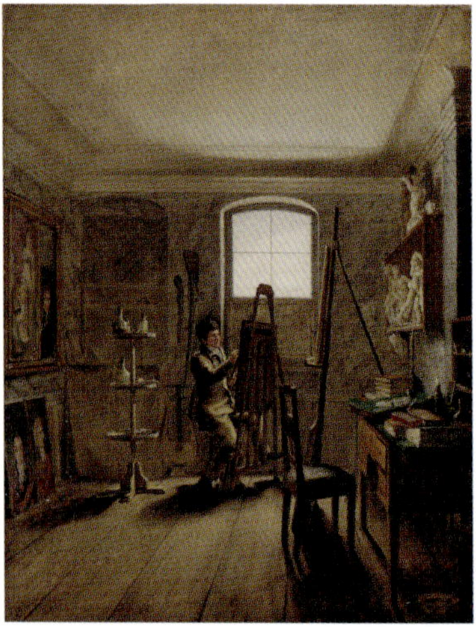

Das Atelierbild ist allerdings auch keine realistische Darstellung des Künstlers bei der Arbeit. Vielmehr wird Friedrich hier so dargestellt, wie er gesehen werden möchte. Friedrich erscheint hier als Künstler, der ganz ohne Anregungen von außen auskommt und nur aus seinem Inneren heraus malt.

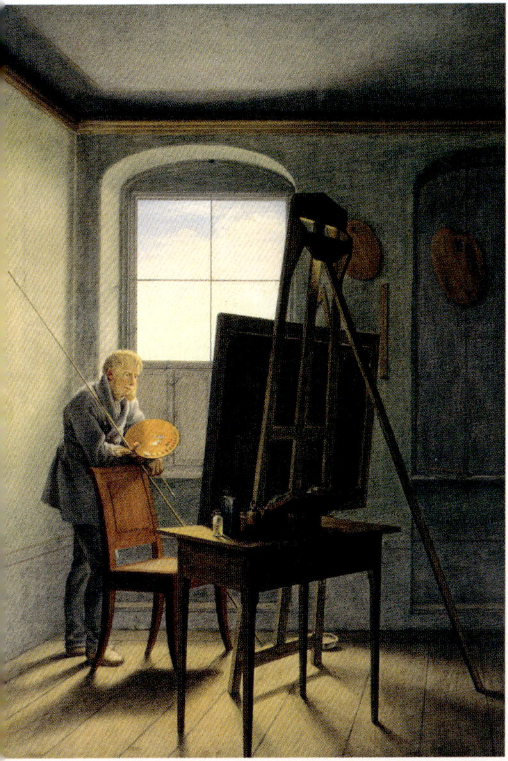

Georg Friedrich Kersting, **Caspar David Friedrich in seinem Atelier**, um 1812, Öl auf Leinwand, 53,5 × 41 cm

Kersting schuf kurz zuvor ein weiteres Atelierbild, das den Arbeitsraum von Friedrichs Künstlerkollegen Gerhard von Kügelgen zeigt. Kügelgen malte insbesondere Porträts und Historien. Es ist ein ganz anderer Raumeindruck: Kügelgen sitzt entspannt vor der Staffelei und arbeitet. Hinter ihm auf einer Art Rondell liegen die Malutensilien, als seien sie gerade in Benutzung. Das Zimmer ist voll von Dingen, die er täglich für seine Kunst benötigt. Auf dem Schreibtisch liegen Bücher, aus denen er die Geschichten für seine Bilder schöpft. Gipsabgüsse stehen in einem Setzkasten an der Wand. Sogar ein Gewehr und eine Pistole hängen im Raum, ebenso eine Lyra. Auf der linken Seite sind einige seiner Porträts zu erkennen.

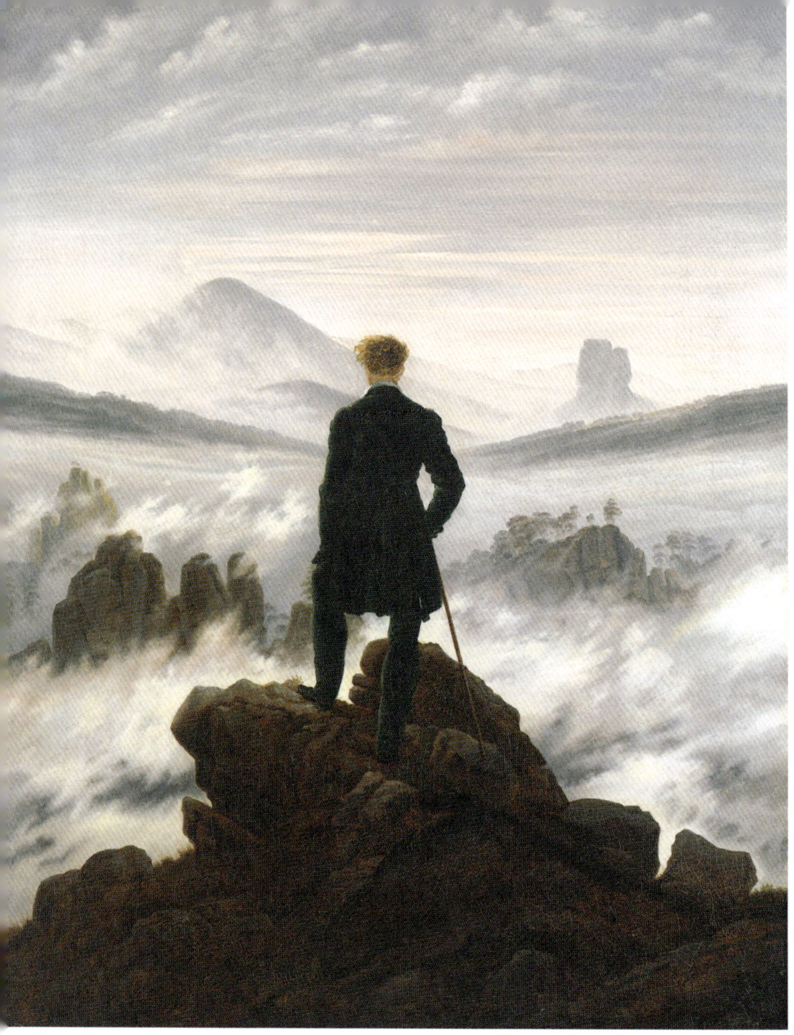

Wanderer über dem Nebelmeer, um 1817, Öl auf Leinwand, 94,8 × 74,8 cm

IKONEN ENTSTEHEN

Die späten 1810er-Jahre sind für Friedrich außerordentlich produktiv, und es entstehen Gemälde, die heute das Bild von Friedrichs Kunst prägen. Eines davon ist der berühmte *Wanderer*

Dies vorzüglich ist an Friedrich preiswürdig; daß er seine Figuren immer in Beziehung auf die Landschaft sinnreich zu bringen weiß.

Carl Gustav Carus

über dem Nebelmeer. Ähnlich wie Friedrich als Künstler selbst, ist auch diese Ikone der Romantik zwischenzeitlich in Vergessenheit geraten. Erst in den 1930er-Jahren taucht es auf dem deutschen Kunstmarkt wieder auf, bevor es 1970 für die Hamburger Kunsthalle erworben wird. Zwischenzeitlich wird das Gemälde sogar Friedrichs Freund, dem Dresdner Arzt und Maler Carl Gustav Carus, zugeschrieben.

Im Zentrum des Bildes steht der Wanderer, auf seinen Stock gestützt und auf das von Nebelschwaden durchzogene Gebirgspanorama blickend. Die Felsformationen hat Friedrich der Sächsischen Schweiz entnommen, aber auch hier handelt es sich nicht um einen real existierenden Ort, sondern um eine vom Künstler ganz bewusst komponierte Aussicht. Eine sichere Identifizierung des Dargestellten ist trotz zahlreicher Versuche bisher nicht gelungen. Auch hier stellt sich die Frage, ob der Wanderer tatsächlich eine bestimmte Person ist oder vielmehr den Menschen an sich darstellen soll.

Der Betrachter wird durch die Rückenfigur geradezu in die Landschaft hineingezogen. Friedrich zeigt einen einsamen Wanderer und greift damit auf ein bekanntes romantisches Motiv zurück. Der einsame Wanderer steht sinnbildlich für die Abgeschiedenheit von der Welt, für die eigenen Wege, die jeder Mensch beschreitet. Und wie der Mann in den *Kreidefelsen auf Rügen* steht auch hier der *Wanderer* – und damit auch der Betrachter – einer gewaltigen, erhabenen Natur gegenüber, die ihm Grundlage zum Reflektieren gibt. Über sein Ver-

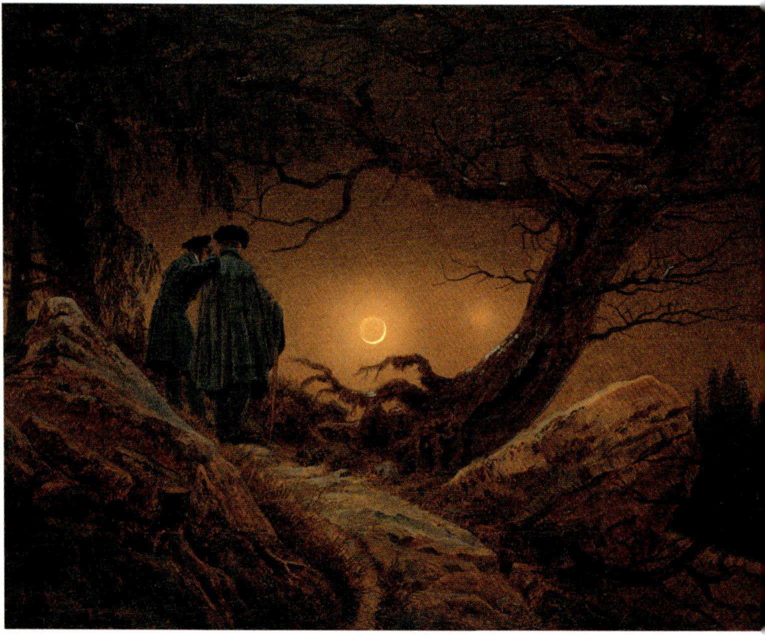

Zwei Männer in Betrachtung des Mondes, 1819/20, Öl auf Leinwand, 33 × 44,5 cm

hältnis zur Natur oder über die Endlichkeit seines Lebens. Diese Differenz markiert der unüberwindbare Abgrund, vor dem der Wanderer steht und an den er sich gefährlich nahe heranwagt. Es ist sicher gerade dieses Identifikationspotenzial, das jeder Betrachter bis heute in sich entdecken kann und das den *Wanderer* zu einer Ikone der Romantik werden lässt.

Auch bei den *Männern in Betrachtung des Mondes* setzt Friedrich auf die schon bewährten Rückenfiguren. In einer unwirtlichen Umgebung von kahlen Felsen und alten Bäumen sind zwei Männer einen schmalen Weg auf eine leichte Anhöhe hinaufgestiegen. Der eine Mann legt seinen Arm freundschaftlich auf die Schulter des anderen. Gemeinsam blicken sie auf den Mond, der das Zentrum des Bildes markiert.

**Willkommen, o silberner Mond,
Schöner, stiller Gefährt der Nacht!
Du entfliehst? Eile nicht, bleib,
Gedankenfreund! Sehet, er bleibt,
das Gewölk wallte nur hin.**

Friedrich Gottlieb Klopstock, *Die frühen Gräber*, 1764

Auch dieses Bild könnte politisch gedeutet werden, da der rechte der beiden Männer die altdeutsche Tracht trägt. Aber worin sollte die politische Aussage liegen? Auch hier scheint es Friedrich vielmehr wiederum um die Darstellungen des Reflektierens zu gehen. Diesmal ist dies durch den Mond versinnbildlicht. In der Literatur der Romantik ist der Mond ein vielzitiertes Motiv; er erscheint dort bisweilen als Gegenüber des Menschen in einem gedanklichen Dialog. Er ist sein „Gedankenfreund". Das Betrachten des Mondes wird also zu einer Schau des eigenen Inneren. Das Gemälde wird von Friedrich und wohl auch von anderen Künstlern mehrmals wiederholt. Die Darstellung hat also viele Betrachter besonders tief ergriffen.

DER TOD EINES FREUNDES

Die Jahre gehen ins Land, und Friedrich geht einem ruhigen und zufriedenen Leben nach. Eine Vielzahl kleinerer und größerer Gemälde verlässt sein Atelier. Am 30. August 1819 wird Friedrichs erste Tochter Emma geboren. Mit Rührung berichtet er umgehend über dieses schöne Ereignis an seinen Bruder: „Die Mutter scheint in diesem Augenblick zu schlafen und auch das Kind. Zwölfmal hat das kleine Wesen schon genießt, und schrie und das recht laut in derselben Minute, als es geboren war." So stellt sich ein Familienidyll ein.

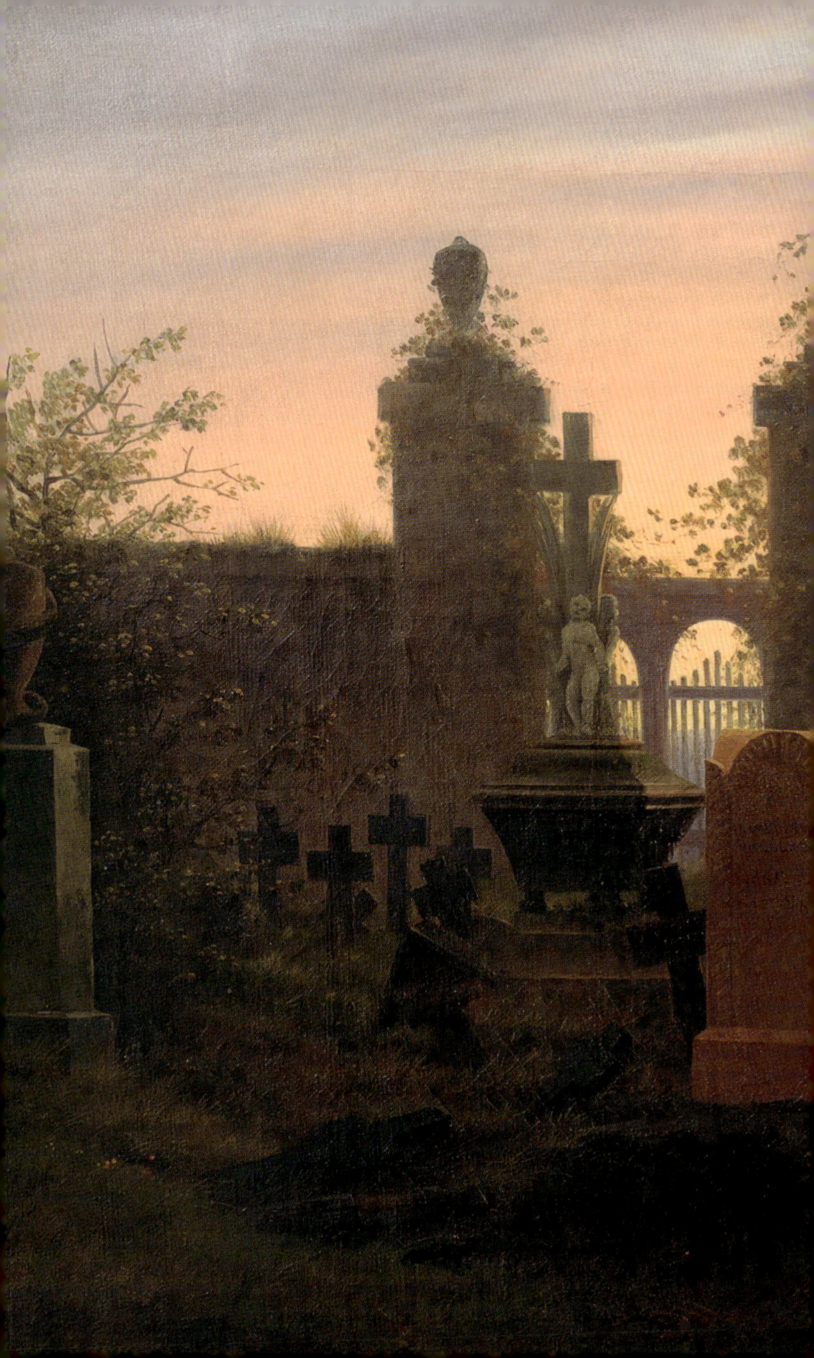

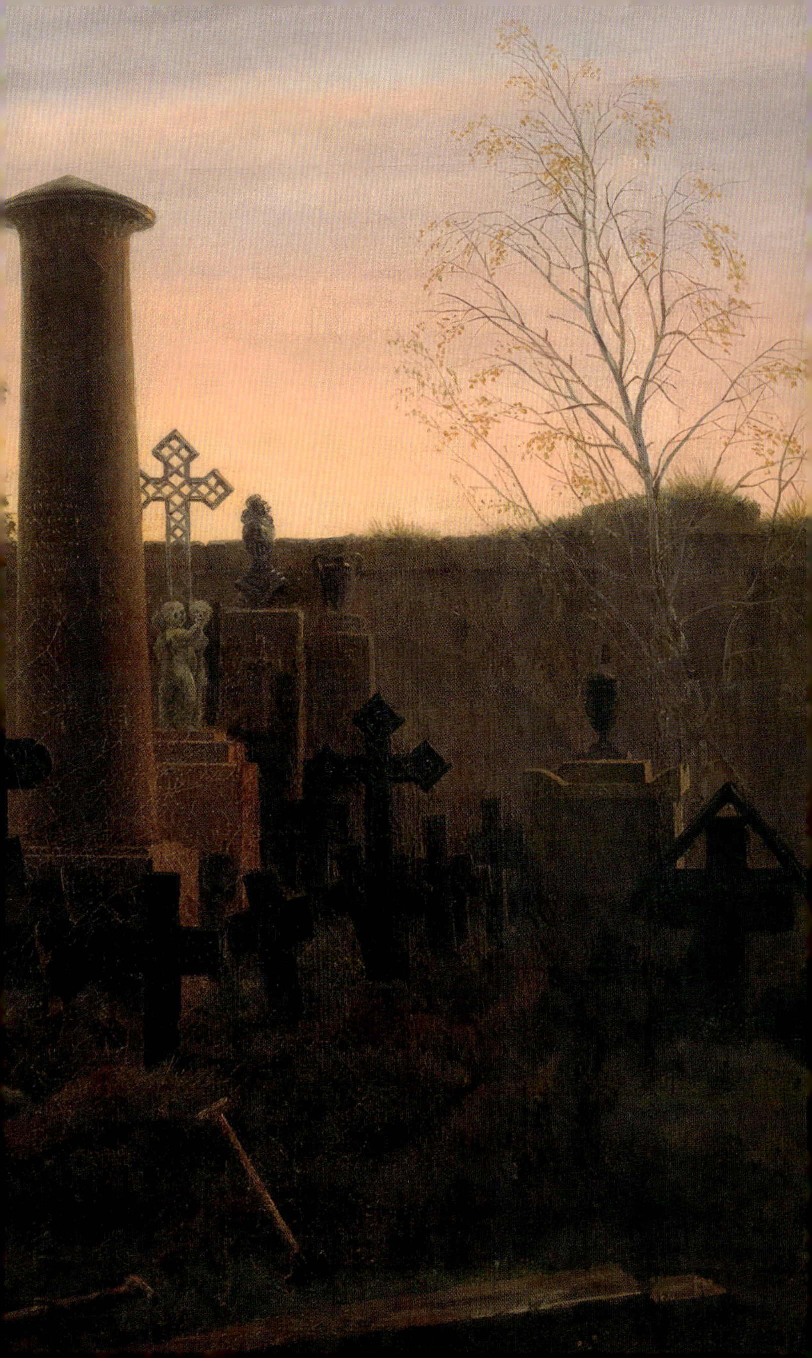

Warum, die Frag' ist oft zu mir ergangen, wählst du zum Gegenstand der Malerei so oft den Tod, Vergänglichkeit und Grab? Um ewig einst zu leben, muss man sich oft dem Tod ergeben.

Caspar David Friedrich

Am 27. März 1821 ereignet sich dann eine menschliche Tragödie. Friedrichs enger Freund und Malerkollege Gerhard von Kügelgen wird an diesem Abend ausgeraubt und brutal ermordet. Wenige Tage später findet auf dem Katholischen Friedhof in Dresden die Beerdigung statt. Der Mörder wird schließlich hingerichtet. Friedrich entschließt sich daraufhin, seinem Freund ein ganz persönliches malerisches Denkmal zu setzen.

Kügelgens Grab zeigt den Ausschnitt eines Friedhofs, auf dem eine ganze Reihe unterschiedlicher Grabmäler stehen. In die Mitte gerückt ist der Grabstein Kügelgens, den Friedrich entworfen hat und der heute noch auf dem Dresdner Friedhof steht. Die Helligkeit dieses Monuments steht in Verbindung mit dem wunderbar leuchtenden Himmelsstreifen, der den Anbruch eines neuen Tages anzudeuten scheint. Die in die Friedhofsmauer eingelassene Tür verbildlicht den Übergang vom irdischen Leben in das Jenseits. Zwei Schaufeln und Bretter rechts im Bild zeugen noch von der gerade abgehaltenen Beerdigung. Verbunden war mit diesem Werk für Friedrich sicher nicht nur die Erinnerung an Kügelgen, sondern gewiss auch der Wunsch auf das ewige Leben für seinen Freund in einer besseren Welt.

vorhergehende Doppelseite:
Kügelgens Grab, 1821/22, Öl auf Leinwand, 41,5 × 55,5 cm

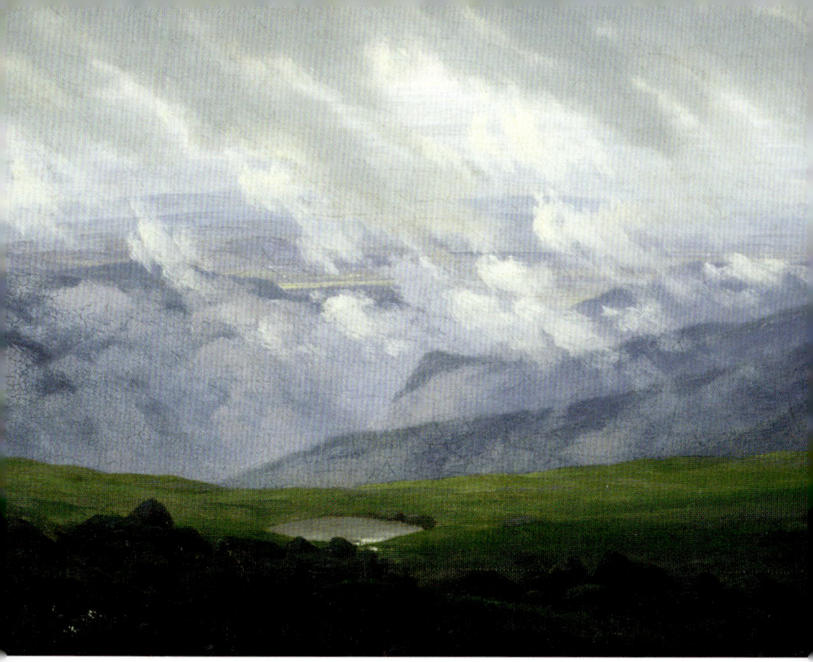

Ziehende Wolken, um 1820, Öl auf Leinwand, 18,3 × 24,5 cm

Das Göttliche in der Natur

In der Mitte der 1820er-Jahre scheinen sich Friedrichs künstlerische Erfolge nicht zu wiederholen. Nicht alle seiner Gemälde finden sofort einen Abnehmer. 1824 wird er zwar zum außerordentlichen Professor an der Dresdner Akademie ernannt und sein Gehalt steigert sich auf 200 Taler, lehren darf er allerdings nicht. Es ist davon auszugehen, dass Friedrich diese Zurückweisung sehr kränkt. Warum man ihm die Lehre verwehrt, ist nicht ganz klar. Ist diese Ablehnung vielleicht seinem nicht einfachen Charakter geschuldet? Wahrscheinlicher erscheint, dass Friedrichs Kunst das Problem ist. Kaum vorstellbar ist offenbar, dass jemand, der beinahe gewohn-

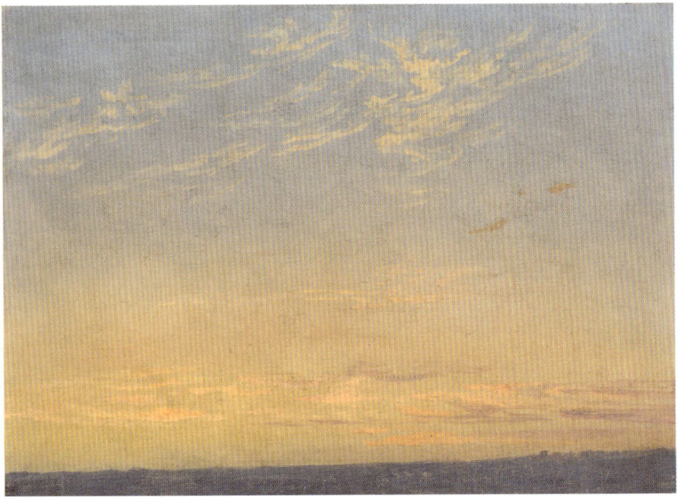

Der Abend, 1824, Öl auf textilem Bildträger, 20 × 27,5 cm

heitsmäßig mit den Regeln bricht, eine grundsolide Ausbildung der Akademieschüler sicherstellen könnte.

In den Werken, die in diesen Jahren entstehen, zeigt Friedrich nun oftmals keine Menschen mehr, auch alle anderen Zeichen des menschlichen Lebens fehlen. In seinem Bild *Ziehende Wolken* von 1820 öffnet sich dem Betrachter von der Anhöhe eines Berges die Aussicht in eine weite Landschaft. Doch der Blick wird verstellt durch die Wolken, die vom Wind getrieben werden. So wie die Wolken der Ausdruck der vorbeifliegenden Zeit sind, so drückt die sie umgebende Natur die stillstehende Unendlichkeit aus. Noch radikaler wird in *Der Abend* ein Phänomen der Natur zum Bedeutungsträger. Die Erde erscheint nur noch als schmaler dunkler Streifen am unteren Rand des Bildes. Wunderbar spannt sich darüber der von der untergegangenen Sonne kraftvoll erleuchtete Abendhimmel auf. In dieser auf das Äußerste reduzierten Komposition kommt Friedrich der Darstellung von Transzendenz wahrscheinlich

Der Tag, wo er Luft malt, darf man nicht mit ihm reden.

Caroline Friedrich über ihren Mann

folgende Doppelseite:
Das Eismeer, 1823/23,
Öl auf Leinwand,
96,7 × 126,9 cm

am nächsten. Diese beinahe schon abstrakte Arbeit ist eine der wenigen von Friedrich datierten und signierten Werke in Öl. Auch den Titel ritzt Friedrich wohl mit dem hölzernen Stiel seines Pinsels in die noch feuchte Farbe.

DAS EISMEER

Vermutlich inspiriert durch den Eisgang auf der Elbe im besonders kalten Winter 1820/1821, beginnt Caspar David Friedrich, sich auch mit der Gewalt und Bedrohlichkeit der Natur auseinanderzusetzen. Ölstudien von Eisschollen legen das nahe. Sehr wahrscheinlich weiß Friedrich aber auch, dass in jener Zeit wagemutige Abenteurer zu Expeditionen in die Polarregion aufbrechen. Der Mensch will zeigen, dass er der gewaltigen Natur trotzen kann. Friedrich aber hört auch davon, dass diese Expeditionen extrem riskant sind und wenig erfolgreich.

Gewaltige Eisschollen stellen sich wie eine monumentale Gebirgslandschaft auf. Sie scheinen sich langsam und knirschend aufzuschieben, das verdrängte Wasser schäumt an ihnen gewaltig empor, ist aber selbst schon zu Eis erstarrt. Unendlich dehnt sich im Hintergrund die gefrorene Oberfläche des Polarmeers aus. Erst auf den zweiten Blick fällt das Heck eines Schiffes auf, das von den Eismassen zerdrückt wird und nun begraben zu werden droht. Menschen sind nicht zu sehen. Wohl niemand überlebt diesen Schiffbruch und das grausame Eis. Eine bedrohliche Szenerie, die Friedrich entwirft, in einer menschenfeindlichen Umgebung.

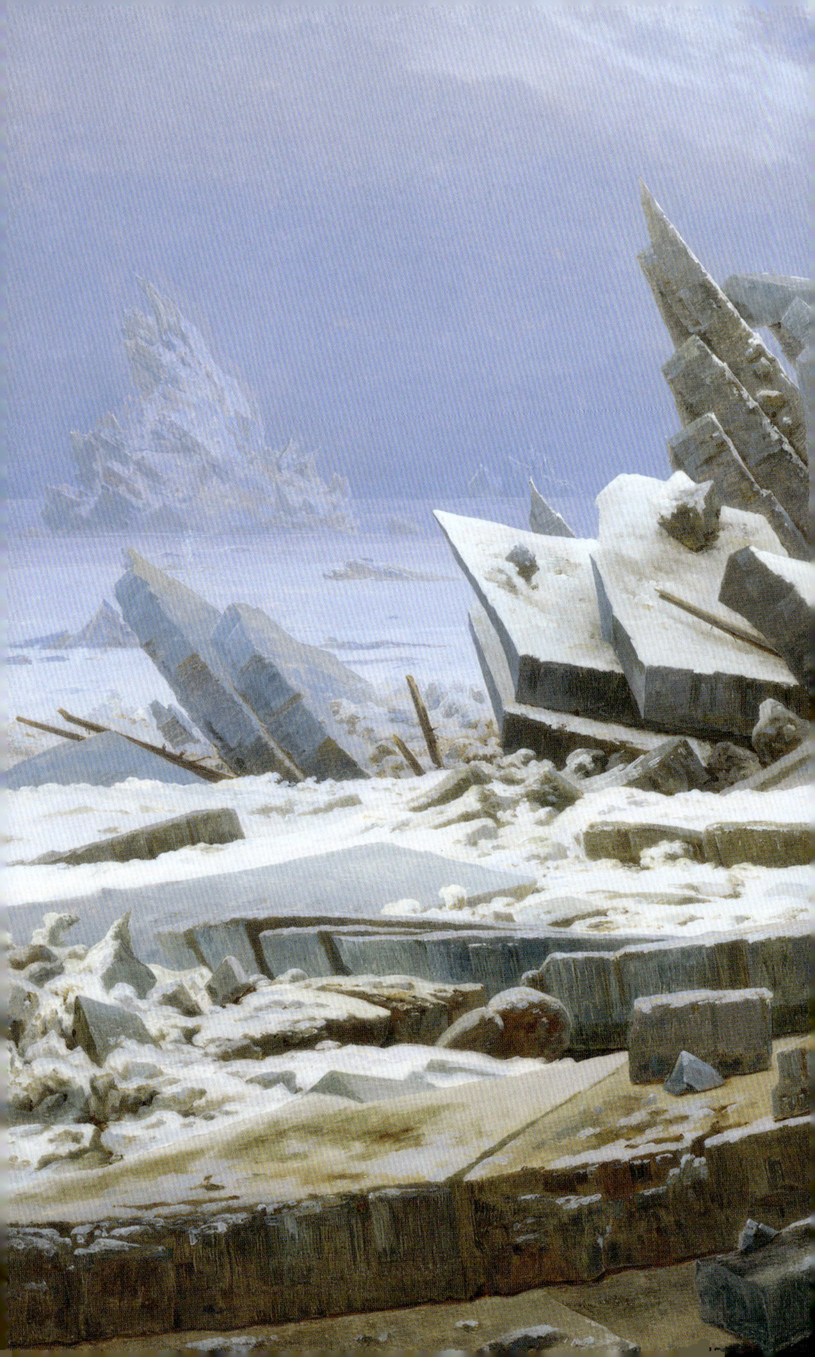

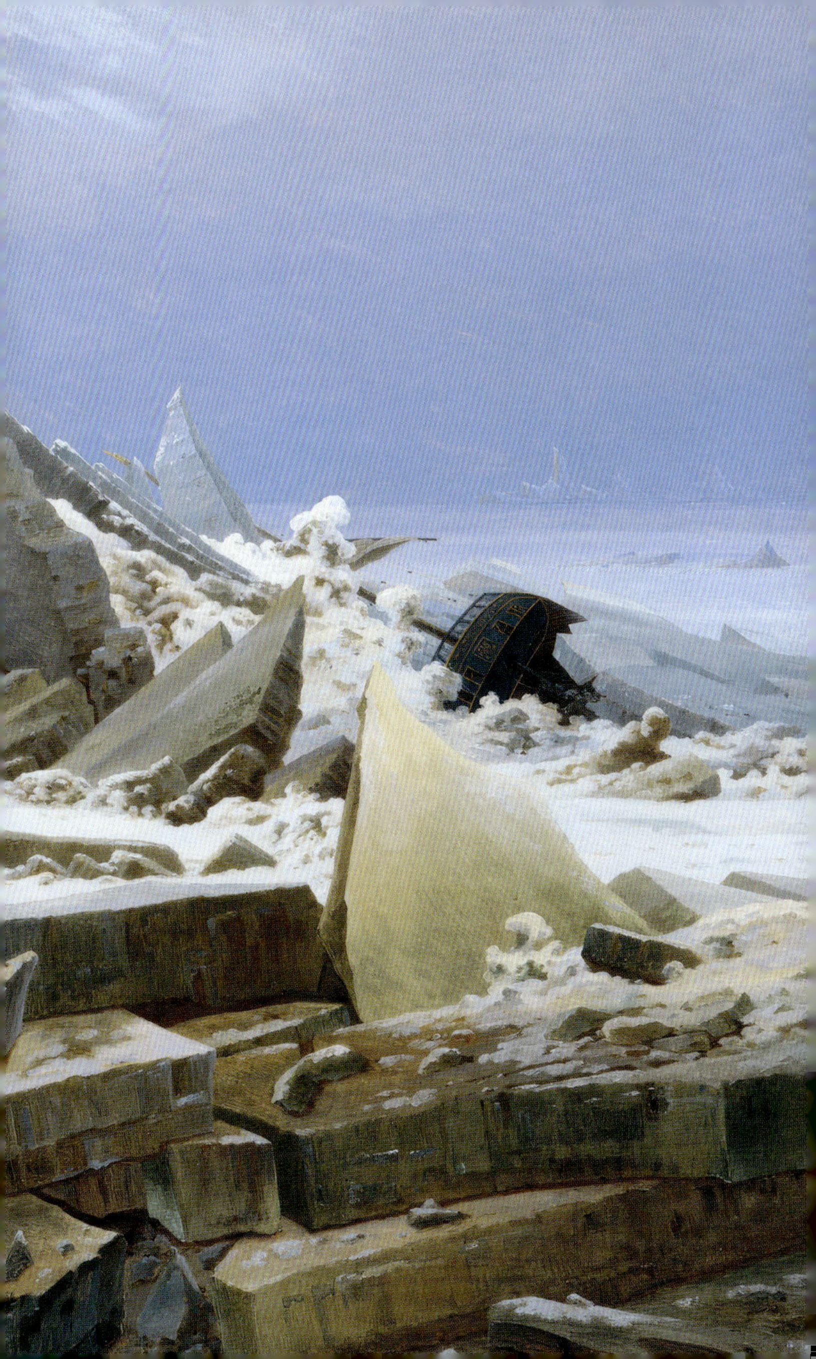

Das Göttliche ist überall, auch im Sandkorn.

Caspar David Friedrich

Auch in dieser undurchdringlichen Eislandschaft setzt Friedrich viel daran, dem Betrachter seines Werkes einen Weg zu bahnen: Wie Eingangsstufen hat er im Vordergrund die Eisschollen aufgeschichtet. Über sie tritt man in das Bild hinein. Pfeilförmige Schollen auf der zweiten Stufe, genau auf die Mittelsenkrechte gesetzt, lenken den Blick nach rechts auf eine große, helle Eisplatte, die im Vordergrund senkrecht nach oben drängt. Hinter ihrer Spitze ist dann das untergehende Schiff zu sehen. Die große Eisformation im Zentrum des Gemäldes verweist noch weiter nach oben: Ganz unscheinbar dringt dort am Rand der Bildfläche Licht durch die Wolken, ein Stück blauen Himmels zeigt sich.

Kritische Rezensionen aus der Entstehungszeit des Werkes werfen ein Licht auf Friedrichs Schwierigkeit, sich mit seiner Kunst verständlich zu machen. Als das *Eismeer* 1824 in Berlin ausgestellt wird, heißt es von einem anonymen Autor: „Die Kunst schien in dem verflossenen Jahre keine bedeutenden Fortschritte gemacht zu haben, wenn einer der gefeierten Meister sich in krankhaftem Fortschritte nach Neuheit und Seltsamkeit bis zu den starren Eisschollen des Nordmeers verstieg, von denen die eingekeilten Schiffstrümmer das nach Schönheit und Leben suchende Auge zurückscheuchten." Was für eine vernichtende Kritik! Offenbar ist auch hier seinen Zeitgenossen wieder einmal nicht klar, was Friedrich im Gemälde auszudrücken sucht. Die Darstellung der grausamen Kräfte der Natur wirkt eher abschreckend auf das Publikum. Nicht verwunderlich also, dass Friedrich selbst im großen Berlin keinen Abnehmer für das Werk findet.

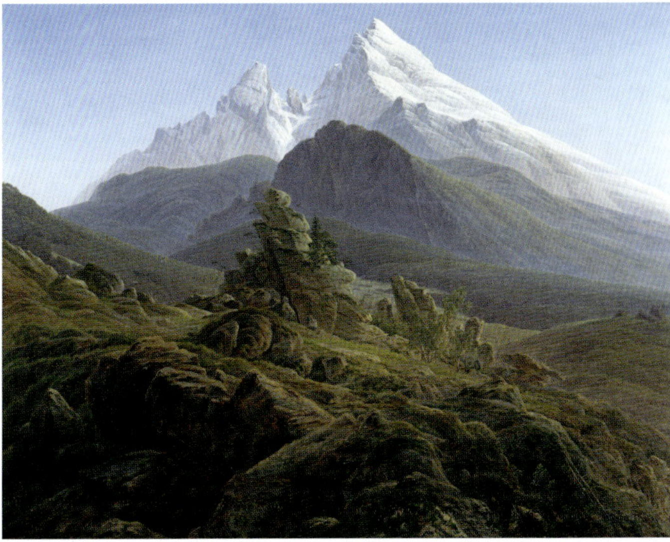

Der Watzmann, 1824/1825, Öl auf Leinwand, 135 × 170 cm

1834 steht das Werk immer noch in Friedrichs Atelier. Dort sieht es der französische Bildhauer Pierre Jean David d'Angers und nennt es mit Blick auf den dargestellten Schiffbruch eine „große und schreckliche Tragödie". Das Bild kann somit als tragische Erzählung des menschlichen Scheiterns verstanden werden. Es regt wiederum an zum Nachdenken über das Verhältnis des Menschen zur Natur. Es erklärt die Natur letztlich zu einer übermächtigen Kraft, der der Mensch nichts entgegensetzen kann. Es fordert Bescheidenheit ein. Für Friedrich ist diese Natur letztlich Ausdruck des Göttlichen in der Welt. Der menschliche Wille, diese zu erkunden und zu verstehen, ist seiner Eitelkeit geschuldet und aussichtslos.

DER WATZMANN

1825 ist *Der Watzmann* zum ersten Mal auf der Dresdner Akademieausstellung zu sehen. Friedrich folgt damit einem aktuellen Trend. Alpenpanoramen sind in dieser Zeit ein beliebtes

Bildmotiv, besonders bei den Künstlern, die etwa auf der Durchreise nach Italien die Alpen sehen. Möglicherweise erhofft sich Friedrich durch die Motivwahl, das Bild schneller verkaufen zu können. Da Friedrich nie nach Italien reist, kennt er auch kein Hochgebirge aus eigener Anschauung. Für den Watzmann, der schneebedeckt den Hintergrund des Bildes dominiert, muss er daher auf eine Zeichnung eines seiner Schüler zurückgreifen. Als Vorlage für den aufragenden Felsen im Mittelgrund dient ihm eine alte Zeichnung von seiner Harzreise 1811. Es handelt sich bei dieser bizarren Formation um den Trudenstein am Hohnekopf in der Nähe des Brockens.

„Die völlige Einsamkeit hat hier etwas Schauerliches, man sehnt sich danach, wenigstens einen Adler oder eine Gemse zu erblicken: vergebens, kein Leben wohnt hier, als das der Luft und des Lichts, jeder Pulsschlag des Gefühls stockt in dieser Höhe!", schreibt ein Rezensent über seinen Eindruck des entfernt liegenden Berggipfels. Je höher der Blick hinaufsteigt, desto karger wird die Landschaft. Das Gras, die Blumen und die Bäume verschwinden, bis schließlich kein Leben mehr auf den Hängen der höchsten Gipfel zu erkennen ist. Insbesondere in seiner Monumentalität kann der Watzmann als Symbol für Gott verstanden werden, den Friedrich gerade in der Natur erkennt.

Vergleichbar mit dieser Idee sind auch noch die Riesengebirgslandschaften, die Friedrich in den 1830er-Jahren malt und in denen der Blick hinaus über die sanften Hügel hin zu den entlegenen Berggipfeln streift, die im Dunst in der Ferne aufragen.

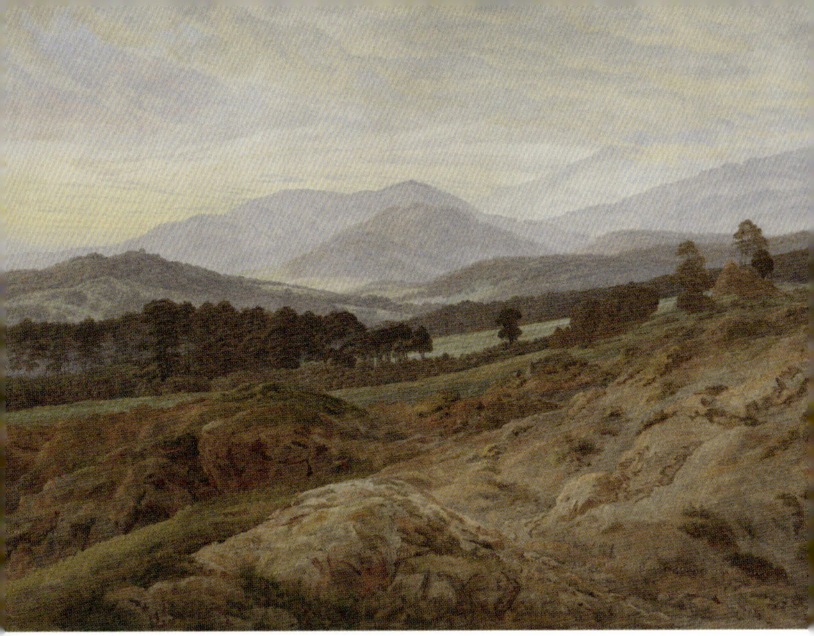

Riesengebirgslandschaft, um 1835, Öl auf Leinwand, 72 × 102 cm

Die *Riesengebirgslandschaft* wurde 1904 aus dem Nachlass von Siegwald Dahl für das Nationalmuseum in Oslo erworben. Siegwald war der Sohn des eng mit Caspar David Friedrich befreundeten norwegischen Landschaftsmalers Johan Christian Clausen Dahl. Das Gemälde gilt als in Teilen unvollendet. Vor allem im Vordergrund ist die Unterzeichnung mit der Feder deutlich zu erkennen. In diesem Fall ist sie noch nicht von mehreren Farbschichten überdeckt, die Friedrich üblicherweise dünn lasierend aufträgt. Wahrscheinlich wird Friedrich durch Krankheit an der Fertigstellung des Gemäldes gehindert.

Carl Gustav Carus. Der Freund und Kollege

Carl Gustav Carus (1789–1869) war Arzt und Künstler. Nach einem Studium der Naturwissenschaften und der Medizin leitet er ab 1814 die Königliche Hebammenschule in Dresden. 1820 erscheint das erste Lehrbuch für Gynäkologie aus seiner Feder, wenig später wird er königlicher Hofarzt. 1846 veröffentlicht er die Schrift *Psyche. Über die Entwicklunysgeschichte der Seele*, mit der er auch zu einem Vorreiter der Psychologie wird. Carus war Präsident der Leopoldina, der Nationalen Akademie der Wissenschaften mit Sitz in Halle. Noch heute ist das Dresdner Universitätsklinikum nach ihm benannt.

In seiner Leipziger Studienzeit erhält Carus auch Zeichenunterricht, später bringt er sich das Malen selbst bei. Spätestens seit 1818 sind Caspar David Friedrich und er miteinander bekannt und freunden sich schnell an. Friedrich begleitet Carus' künstlerische Entwicklung eng. Friedrich ist es auch, der ihm in den 1820er-Jahren nahelegt, Gemälde an Goethe nach Weimar zu schicken, so wie er es etwa zwei Jahrzehnte zuvor getan hatte. Tatsächlich ist der Dichter angetan von seinen Werken und es folgt ein enger Austausch zwischen Carus und Goethe. Vor allem aufgrund seiner naturwissenschaftlichen Expertise, die er mit seiner Kunst verbindet, wird er für Goethe zu einem geschätzten Gesprächspartner.

Ernst Rietschel, **Carl Gustav Carus**, 1845, Gips, 42 × 41 cm

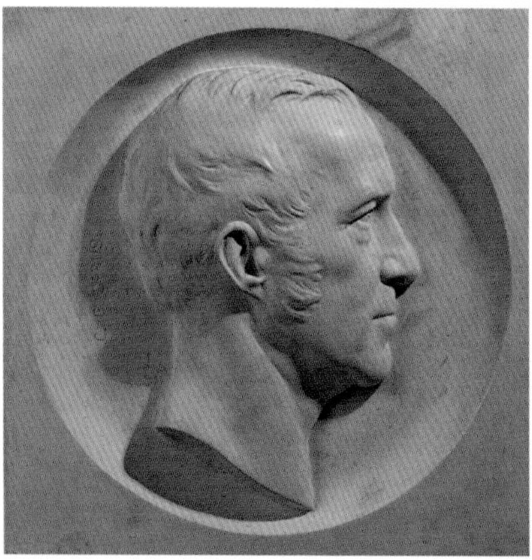

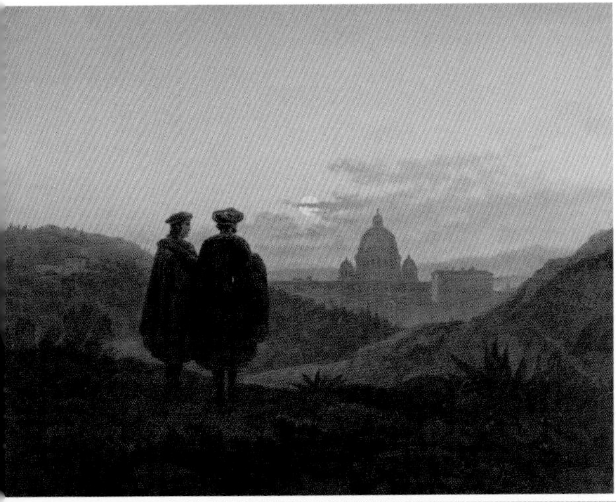

Carl Gustav Carus, **Erinnerung an Rom II**, 1839, Öl auf Holz, 36,8 × 47 cm

Carus' Zeichnungen und Gemälde sind zunächst sehr stark von Friedrich beeinflusst, es finden sich vergleichbare Motive und Themen. Teilweise muss Friedrich sogar an Carus' Gemälden mitgearbeitet haben. Kein Wunder also, dass ihre Werke bisweilen dem jeweils anderen zugeschrieben wurden.

Carus aber nur als einen von Friedrich abhängigen Künstler zu verstehen, wird ihm nicht gerecht. 1831 publiziert er eine kunsttheoretische Schrift, die *Neun Briefe über die Landschaftsmalerei*. 1865 veröffentlicht er seine Autobiografie *Lebenserinnerungen und Denkwürdigkeiten*. Diese ist auch eine wichtige Quelle für das Leben Caspar David Friedrichs.

Anders als Friedrich unternimmt Carus Reisen nach Italien, sodass sich bei ihm die Eindrücke des Südens mit der deutschen Romantik verbinden. So werden aus den Männern in Betrachtung des Mondes bei Carus Raffael und Michelangelo, die beiden bedeutendsten Künstler der italienischen Renaissance. Carus' Gemälde *Erinnerung an Rom II* ist eines der spannendsten Zeugnisse deutscher Italiensehnsucht nach Goethe.

Das letzte Lebensjahrzehnt

Im Frühjahr 1826 erkrankt Friedrich und begibt sich im Sommer zur Kur auf Rügen, um „sich der Seebäder für seine geschwächte Gesundheit zu bedienen". 1828 folgt dann ein weiterer Kuraufenthalt, diesmal in Teplitz (Teplice) im Böhmischen. Dies lässt auf einen instabilen Gesundheitszustand Friedrichs schließen. Vermutet wird, dass er in dieser Zeit verstärkt an Depressionen leidet und diese auch seine Produktivität stark einschränken. Über den immer schwieriger werdenden Umgang mit dem Künstler und dessen Ausfälle berichten nun zunehmend auch Bekannte und Freunde. Auch das Verhältnis zu seiner Frau ist nun von Spannungen geprägt. Carl Gustav Carus spricht von „roher Härte gegen die Seinigen". Immerhin unterstützt ihn sein Freund, der Maler Christian Clausen Dahl, darin, ein paar Werke auf Ausstellungen an den Mann zu bringen. Denn spätestens ab 1830 plagen Friedrich auch massive Geldsorgen – ein Zustand, der sich bis zu seinem Tod nicht mehr ändern wird.

SPÄTE HAUPTWERKE

Trotz – oder vielleicht auch gerade – wegen der schwierigen Lebensumstände entstehen am Beginn des letzten Lebensjahrzehnts noch zentrale Werke Friedrichs. Das wohl bekannteste aus dieser Zeit ist *Das Große Gehege*. Friedrich hat hier die Biegung eines Flusses ins Bild gesetzt. Die Flächen im Bildvordergrund sind zum Teil überflutet. Es entsteht beinahe der Eindruck, auf vom Wasser eingeschlossene Landmassen zu blicken, auf Kontinente und Meere, so stark ähnelt diese Struktur visuell der Erdoberfläche. Auf dem Fluss fährt ein Lastenkahn, dessen Segel vom Wind gebläht ist. Den Mittelgrund gliedern verschiedene Baumgruppen, die sich dunkel auf den hellen Grasflächen abzeichnen. Etwa die Hälfte des gesamten

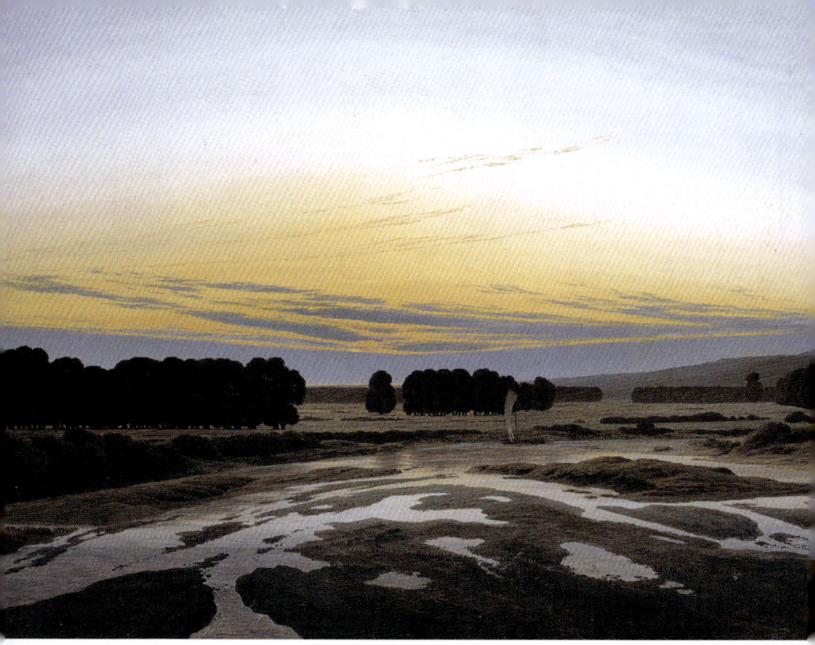

Das Große Gehege, 1832, Öl auf Leinwand, 73,5 × 103 cm

Bildes aber nimmt der Himmel ein. Hinter den Wolken geht die Sonne unter, die noch einen Teil des Himmels erhellt.

Vor allem die Farbigkeit des Gemäldes überwältigt, das Spiel des von der Sonne warm erleuchteten Himmels und der kühlen Wolken, die auf die Nacht vorausdeuten. Insbesondere die Spiegelung dieses Himmelsschauspiels und seiner verschiedenen Farbtöne im Fluss und den kleinen Wasserflächen im Vordergrund ist von einer technischen Perfektion und zugleich ästhetischen Qualität, die für Friedrichs Werk einzigartig ist.

Kein Gemälde fasst das menschliche Leben wohl so treffend zusammen wie Friedrichs *Lebensstufen*. Es ist beobachtet worden, dass es in seiner Bildkomposition und seiner Farbgestaltung eng mit dem *Großen Gehege* verbunden ist. Auch

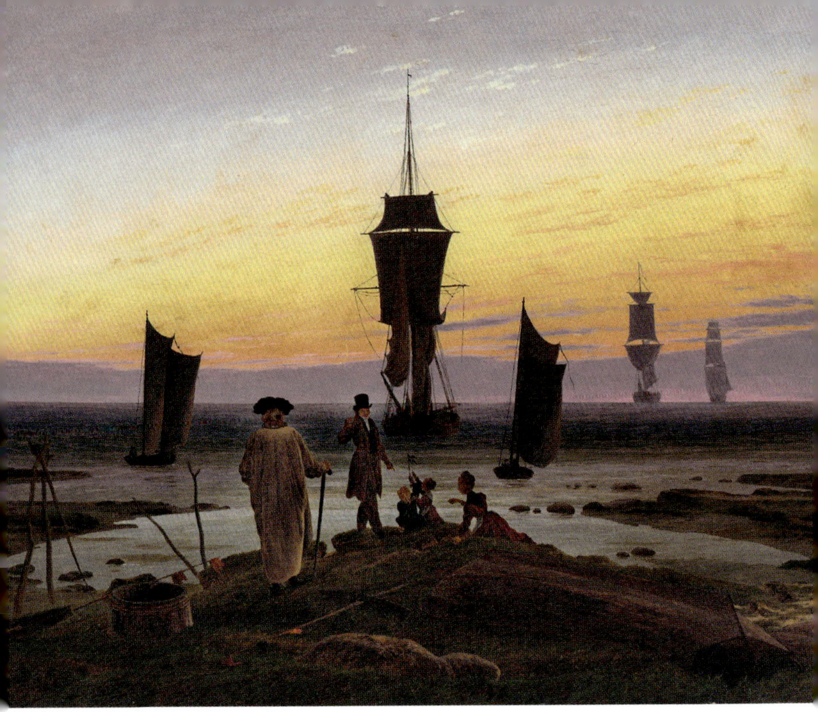

Die Lebensstufen, um 1835, Öl auf Leinwand, 72,5 × 94 cm

die Formate entsprechen sich weitgehend. Auf einer Anhöhe am Ufer des Meeres sind fünf Personen zu erkennen. Fünf Schiffe und Boote sind auf dem Meer zu sehen, die allesamt auf die Gruppe zuzulaufen scheinen. Ein Kahn liegt rechts vorne umgedreht am Ufer. Der Himmel erstrahlt im Licht der untergehenden Sonne.

Die dargestellten Personen stehen für die verschiedenen Lebensalter des Menschen: Kindheit, Erwachsenenalter und Greisenalter. Es ist möglich, dass sich Caspar David Friedrich im alten Mann selbst darstellen wollte. Die anderen Personen könnten Mitglieder seiner Familie sein. Die Schiffe verweisen auf die „Lebensfahrt" des Menschen und entsprechen in diesem Sinne den dargestellten Figuren. Auch dieses allegorische Bild ist eine Reflexion über den Lauf des menschlichen Lebens.

DENKEN UND TRÄUMEN

Ein alter Mann in rotem Mantel, dessen Kragen und Ärmelöffnungen mit Pelz besetzt sind, wandert durch eine vom Mond beschienene Landschaft. Vor einem Hünengrab ist er zum Stehen gekommen. Den Kopf hat er leicht gesenkt, als wäre er in Gedanken versunken. Die Bäume und das braune Gras, ja die gesamte Farbigkeit macht deutlich, dass es Herbst ist. Möglicherweise handelt es sich um ein Selbstbildnis des Künstlers. Dies legt das Gewand nahe, das Friedrich nicht nur in den *Lebensstufen* trägt, sondern auf seinem letzten bekannten Bildnis. Wenn man das Hünengrab als ein Symbol für den Tod versteht, dann könnte hieraus eine Beschäftigung Friedrichs mit der Endlichkeit seines eigenen Lebens gelesen werden.

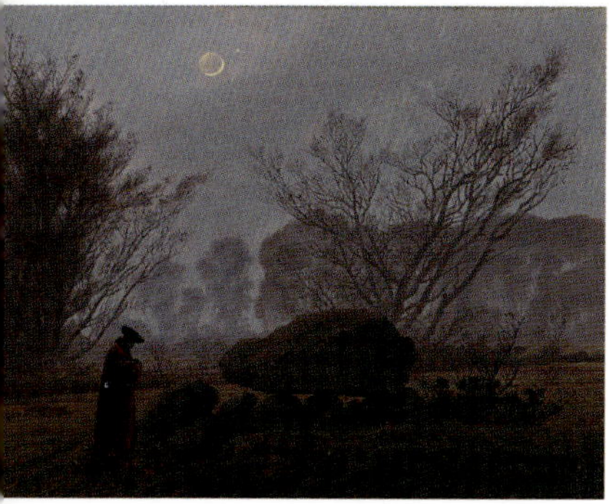

Spaziergang in der Abenddämmerung, 1830/1835, Öl auf Leinwand, 33,7 × 43,2 cm

Fast zeitgleich malt Friedrich ein Werk, das ähnliche Gedanken zum Thema zu haben scheint. Es ist weitaus heller ins Bild gesetzt: Im Fenster eines mittelalterlichen Gebäudes sitzt ein junger Mann. Scheinbar in Gedanken versunken blickt er hinunter in die Tiefe. Es ist eine Ruine, die ihn umgibt, halb zerfallen und von Moos und Gras bewachsen. Friedrichs Vorbild ist ein Fenster in der

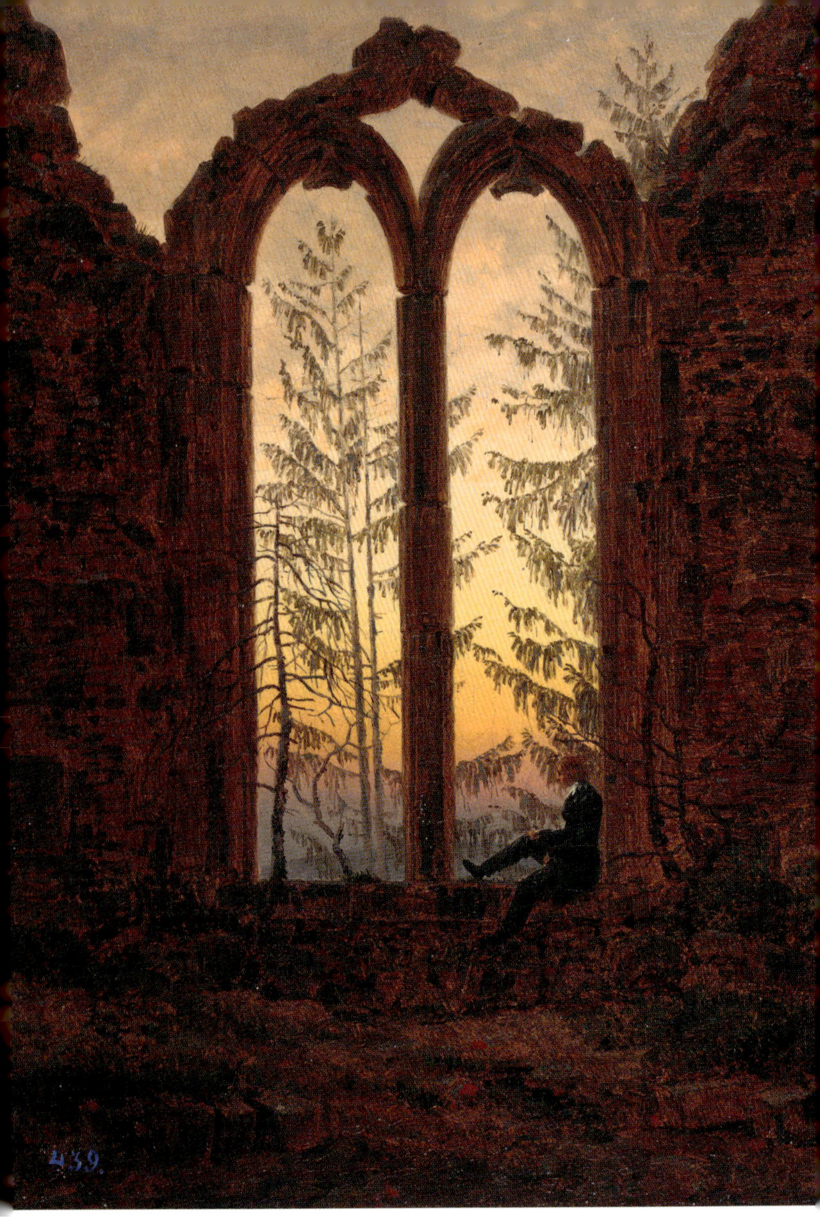

Der Träumer, um 1835, Öl auf Leinwand, 27 × 21 cm

Mich dünkt der Traum eine Schutzwehr gegen die Regelmäßigkeit und Gewöhnlichkeit des Lebens, eine freie Erholung der gebundenen Phantasie.

Novalis, *Heinrich von Ofterdingen*, 1802

Bibliothek des ehemaligen Klosters auf dem Oybin im Zittauer Gebirge, nicht allzu weit von Dresden entfernt. Der Oybin und seine Ruinen sind zu Friedrichs Zeit ein beliebtes Ziel, insbesondere für Künstler, und daher vielfach dargestellt.

Aus dem Fenster blickt der Mann durch Nadelbäume hindurch auf das Abendrot. Die Sonne ist in diesem Moment untergegangen. Wer ist er? Wovon träumt er? Diese Frage wird sich nie beantworten lassen. Friedrich greift mit seinem Gemälde vielmehr eines der bekanntesten und häufigsten in Literatur, Kunst und Musik verarbeiteten Themen der Romantik auf. Der Träumer bewegt sich in einer anderen Welt. Der Traum ist das Gegenbild zur Realität, das Reich der Fantasie. Friedrich fordert den Betrachter seines Werkes wieder einmal auf, selbst nachzuvollziehen, was im Gemälde geschieht. Er fordert auf, zu träumen.

RUINEN

Ruinen sind ein zentrales Motiv in Friedrichs Kunst. Durch seine Gemälde gelten sie heute als Kennzeichen der Kunst der Romantik. Wem fällt nicht sogleich die *Abtei im Eichwald* ein, die düster verschneite, beinahe ganz verfallene Ruine eines Klosters, umgeben von uralten Eichen. Tatsächlich ist diese Ruine an einen existierenden Ort angelehnt. Es sind die Über-

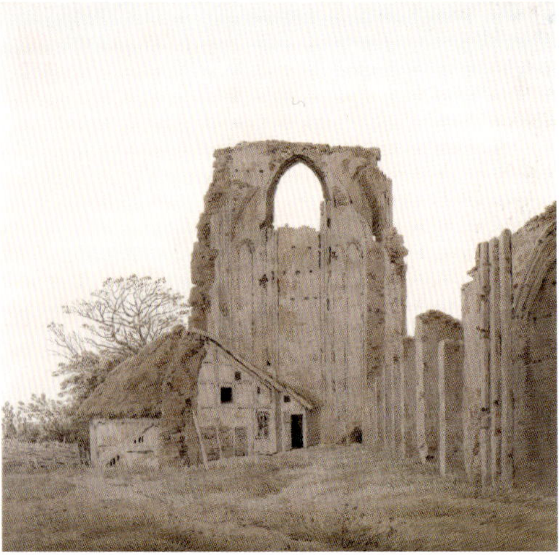

Ruine der Abtei Eldena, 1836, Bleistift, Aquarell, 22,8 × 23,5 cm

reste der Abteikirche des Klosters Eldena bei Greifswald. Friedrich sucht diesen besonderen Ort immer wieder auf. Unzählige Studien zeugen von seiner anhaltenden Begeisterung für die bizarren Formationen des Backsteins. Bis ins hohe Alter wird ihn Eldena nicht loslassen. Es ist ein idyllischer Ort, diese Ruine vor der Stadt, und auch ein einsamer Ort. Vom einstigen Glanz des Klosters ist wenig geblieben. Eine einfache Behausung duckt sich nun an die Mauern. Größer könnte der Unterschied zur hoch in den Himmel aufstrebenden gotischen Kirche nicht sein. Doch gerade dieser Verfall ist es, der Friedrich fasziniert.

Ein Bild muss nicht erfunden, sondern empfunden sein.

Caspar David Friedrich

So verwundert es nicht, dass er auch in einem seiner letzten Gemälde dieses Motiv wieder aufgreift. Genau in das Zentrum der großen Landschaft, die sich wie ein Panorama aufspannt, ist die Ruine gesetzt. Mitten in einem dunklen Wald scheint sie zu stehen. Hinter ihr dann ein

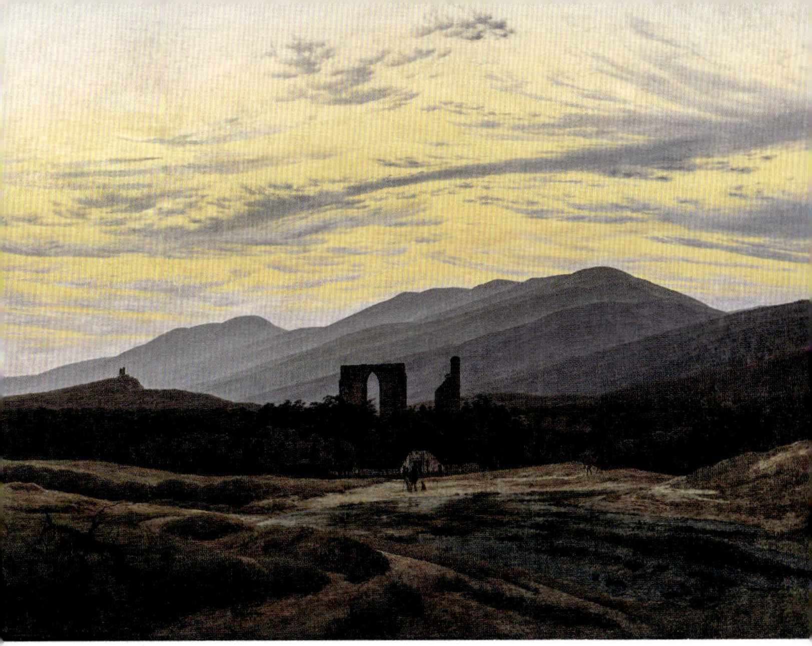

Ruine im Riesengebirge, 1830/34, Öl auf Leinwand, 103 × 73 cm

großartiges Bergpanorama, diesmal aus dem Riesengebirge, das er schon viele Jahre zuvor durchwandert hat. Den Himmel taucht Friedrich in das Licht der untergehenden Sonne, ganz so, wie er es auch beim *Großen Gehege* und bei den *Lebensstufen* tut. Und wiederum spiegelt sich sein Farbenspiel in den flachen Wasserflächen im Vordergrund. Eine kleine Gruppe hat sich auf den Weg zur Ruine gemacht, zwei Männer und ein Hund.

Es ist also keine wirkliche Landschaft, die Friedrich hier zeigt, sondern eine von ihm erdachte. Eine Landschaft, die eine Stimmung spüren lässt, die auch die Schönheit der Natur erfahrbar macht. Die Ruine Eldena scheint Symbol seiner Erinnerung zu sein. An die Pommersche Heimat, an Greifswald, vielleicht auch an seine Familie, die er seit vielen Jahren nicht mehr gesehen hat. Später kommt das Gemälde in den Besitz von Friedrichs Bruder Adolph. Gut möglich also, dass es eine sehr persönliche Bedeutung für den Künstler und seine Familie hat.

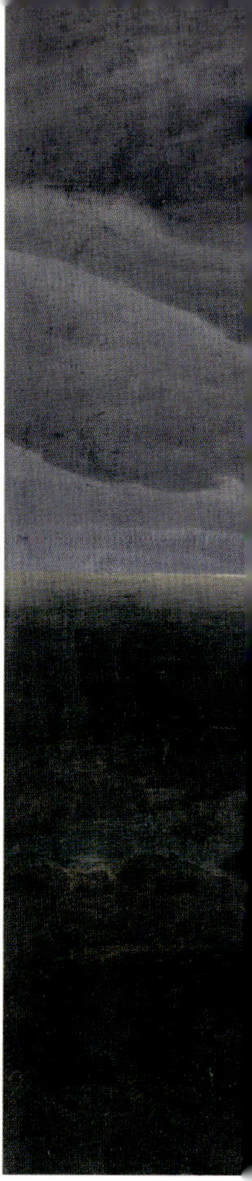

LEBENSENDE

Am 26. Juni 1835 erleidet Friedrich einen Schlaganfall. Kurz zuvor besucht ihn noch sein Neffe Heinrich, sein Patenkind. Durch den Schlag wird er zumindest zum Teil gelähmt. Wilhelm von Kügelgen, der Sohn des Malers, berichtet: „Auch unseren alten Caspar Friedrich habe ich besucht; ich fand ihn sehr krank. Er ist vom Schlage getroffen und macht den Eindruck, als könne er kaum ein halbes Jahr mehr leben." Auch ein weiterer Kuraufenthalt bringt keine Besserung. Seinen Beruf einfach weiter auszuüben, ist nun nicht mehr denkbar. Er malt fortan kaum noch in Öl, sein wahrscheinlich letztes Gemälde vollendet er 1836.

1838 ein letztes freudiges Ereignis: Seine Tochter Emma heiratet. Stark angeschlagen, sind die letzten Lebensjahre von seiner Krankheit bestimmt. Dazu schreibt sein Freund Carl Gustav Carus: „Was Friedrich betrifft, so lebt er leidlich genug, jedoch vom Schlage gelähmt und ohne zu arbeiten." Von Caroline Bardua stammt ein Bildnis Caspar David Friedrichs, das sie 1839 wenige Monate vor dessen Tod malt. Am 7. Mai 1840 stirbt der Maler dann weitgehend verarmt in Dresden. Drei Tage später wird er zu Grabe getragen. Die Grabrede hält sein

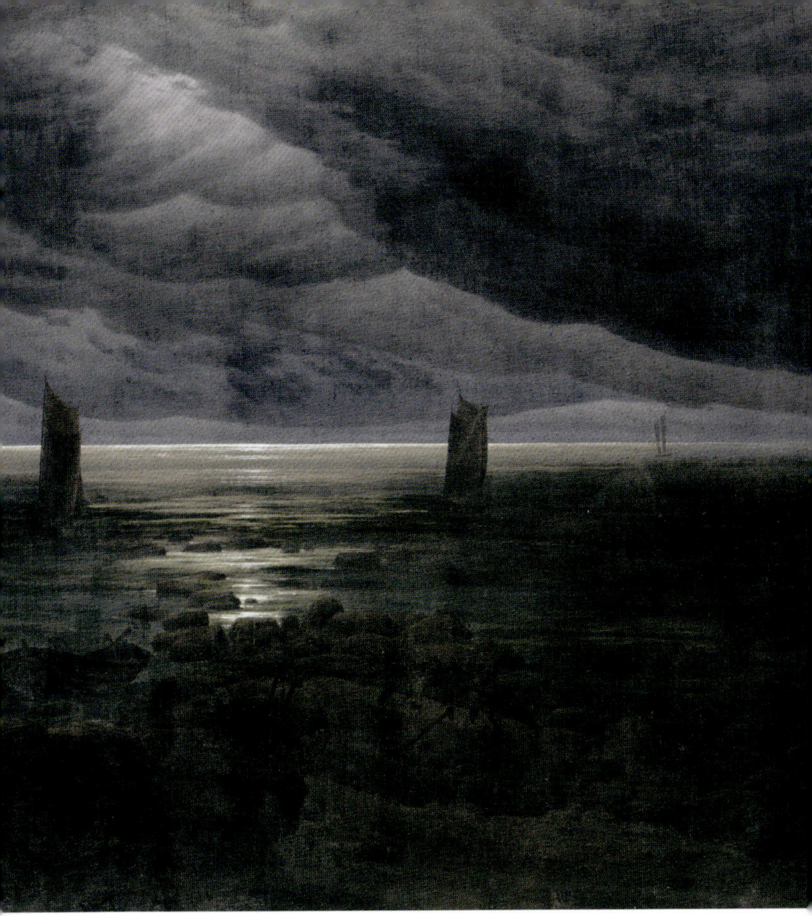

Meeresufer bei Mondschein, 1835/1836, Öl auf Leinwand, 135 × 170 cm

1837 versucht Carl Gustav Carus „das letzte Gemälde des unglücklichen Prof. Friedrich" der Dresdner Gemäldegalerie zum Kauf anzubieten. Doch der damalige Direktor Friedrich Matthäi lehnt ab. Schließlich erwirbt der Sächsische Kunstverein das Bild, und es kommt durch Verlosung in den Besitz von Carl Theodor Chalybäus, der später Direktor der Dresdner Antikensammlung und des Grünen Gewölbes werden sollte.

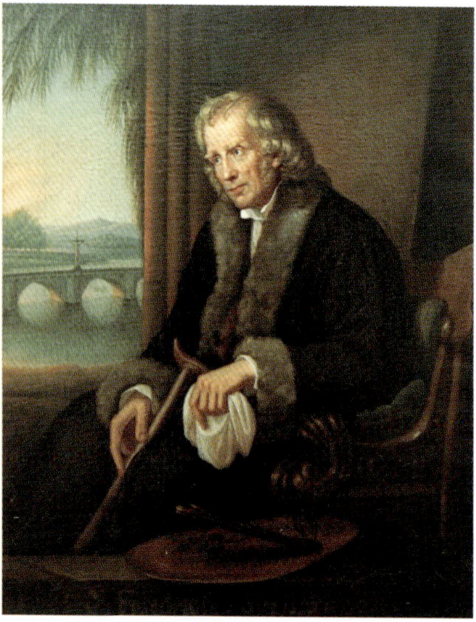

Caroline Bardua, **Bildnis Caspar David Friedrich**, 1839, Öl auf Leinwand, 77 × 63 cm

Patenkind Carl Robert Kummer. In einem 1840 im *Kunstblatt* abgedruckten Nekrolog ist zu lesen: „Sein Leben war ein langes Unglück."

Caspar David Friedrich setzt sich schon als junger Mann mit dem eigenen Tod auseinander. 1804 stellt er auf der Dresdner Kunstausstellung eine heute verschollene Sepiazeichnung aus, die sein Begräbnis darstellt. Durch eine Beschreibung ist ihr Aussehen bekannt: Mittig ist ein offenes Grab dargestellt, von Trauernden umgeben. „Hier ruht in Gott C. D. Friedrich" ist auf dem Grabkreuz zu lesen. Ein Schmetterling steigt aus dem Grab empor, ein Symbol für die nach der Ewigkeit strebenden Seele. Am Himmel steht ein Regenbogen. Auch in seinen letzten Lebensjahren beschäftigt er sich – nun aufgrund seiner körperlichen Einschränkungen – vor allem in Arbeiten auf Papier ganz explizit mit dieser Thematik. Todessymbole wie Särge und Gräber wiederholt er nun immer wieder.

Die Stelle auf dem Dresdner Trinitatisfriedhof, an der Friedrich begraben wird, gibt es heute noch. Die schlichte Platte, die es ziert, bekam das Grab erst in den 1930er-Jahren. Bis zu diesem Zeitpunkt war seine letzte Ruhestätte vergessen.

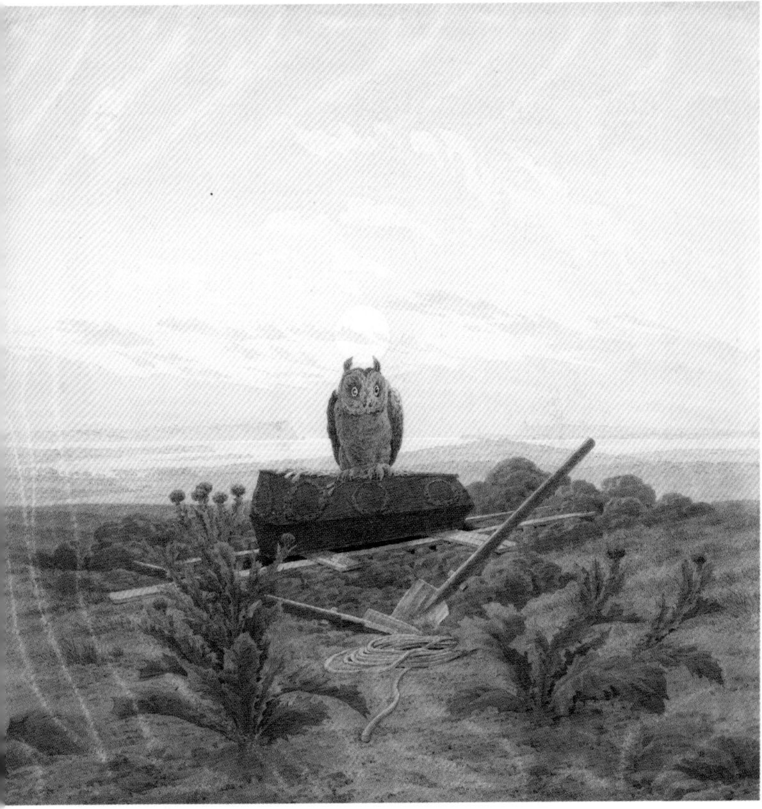

Eine Eule auf einem Sarg, 1835/1838, Pinsel in Braun über Bleistift, Feder in Grau, 38,5 × 38,3 cm

Der tiefe Sinn und die ansprechende Eigentümlichkeit seiner größeren wie kleineren Arbeiten, in Ölfarben oder Sepia, blieb sich aber bis zu seinem betrauerten Hinscheiden gleich.

Nachruf in der Leipziger Zeitung, 1840

Friedrich im Nationalsozialismus

Im Zeichen der scharfen Ablehnung verschiedener moderner Kunstströmungen der ersten Hälfte des 20. Jahrhunderts sowie dem Postulat einer „nationalen Kunst“ wurde Friedrich in der Zeit des Nationalsozialismus für dessen ideologische Ziele vereinnahmt. Die Romantik wurde dabei zum Gegenbild des als „entartet“ verstandenen Expressionismus erklärt.

Wie war das möglich? Bestimmte Aspekte in Friedrichs Kunst, plakativ vor allem die Motive seiner Werke, schienen für das „Deutschtum“ des Künstlers zu sprechen und waren an die Bildsprache der NS-Ideologie anschlussfähig: mittelalterliche Architektur, Hünengräber und Eichen, aber auch die prominente Darstellung der „deutschen“ Landschaft. Dies galt auch für Friedrichs politische Einstellung: Der Rückblick auf die Befreiungskriege ab 1813 konnte leicht auf die zeitgenössische politische Situation und das Verhältnis gegenüber Frankreich nach der Niederlage im Ersten Weltkrieg und dem als „Schmach“ verstandenen Versailler Vertrag bezogen werden. Die Indienstnahme der deutschen Romantik durch den Nationalsozialismus ist dabei höchst selektiv. Beachtet wurde nur, was gebraucht wurde. Friedrichs eng mit seiner Kunst verbundene Religiosität etwa wurde ausgeblendet.

Eine zentrale Figur der ideologischen Vereinnahmung Friedrichs war der Kunsthistoriker Karl Kurt Eberlein. 1939 erschien sein Buch *Caspar David Friedrich der Landschaftsmaler. Ein Volksbuch Deutscher Kunst,* in dem er Friedrich zum Helden stilisiert („Sein Leben nenne ich ein Heldenleben“). „In ihm lebt das alte Erbgut germanischer Art noch einmal auf, der nordische Kunstgeist, der unter der Asche fortglüht“, schreibt Eberlein.

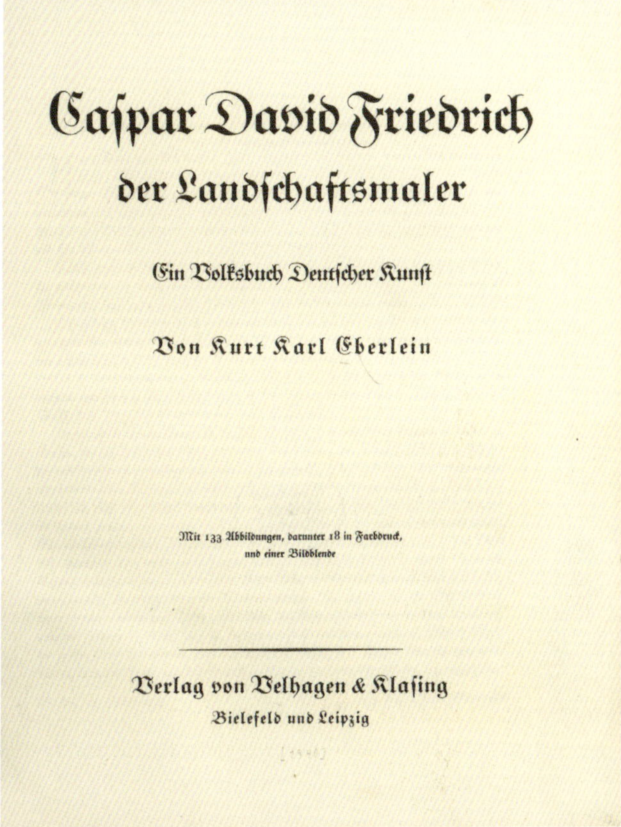

Caspar David Friedrich

der Landschaftsmaler

Ein Volksbuch Deutscher Kunst

Von Kurt Karl Eberlein

Mit 133 Abbildungen, darunter 18 in Farbdruck,
und einer Bildblende

Verlag von Velhagen & Klasing

Bielefeld und Leipzig

Karl Kurt Eberlein, **Caspar David Friedrich der Landschaftsmaler. Ein Volksbuch Deutscher Kunst**

Auch Friedrichs Äußeres passte da ins Bild. Schon seine Künstlerkollegin Louise Seidler hatte Friedrich die Erscheinung eines „alten Germanen" attestiert, freilich mit anderer Absicht. Friedrich wurde zu einem Idealbild des nordischen Künstlers erklärt. „Der edle Bau seines Langschädels", so Eberlein, mache das deutlich. Andere Autoren erklärten sogar, der Nationalsozialismus und seine Ideologie habe die Wiederentdeckung Friedrichs erst möglich gemacht.

Glossar

* **BEFREIUNGSKRIEGE** *Nach der Eroberung großer Teile Europas durch Napoleon begannen ab 1813 eine Reihe von kriegerischen Auseinandersetzungen europäischer Alliierter gegen Frankreich mit dem Ziel, die französische Vormachtstellung zu beenden. In der Schlacht bei Waterloo im Sommer 1815 wurde Napoleon endgültig geschlagen und musste abdanken. In diesem Zusammenhang wurde in der sogenannten Restauration an die Zeit vor Napoleon angeknüpft, und die alten politischen Verhältnisse wurden wiederhergestellt.*

---

* **HOLZSCHNITT** *Der Holzschnitt ist eine Drucktechnik, die seit Jahrhunderten Verwendung findet. Dabei wird aus einem Holzblock, dem sogenannten Druckstock, mit verschiedenen Schneidwerkzeugen das Material abgetragen, um eine erhabene Oberfläche aus Graten und Stegen zu schaffen. Auf diese wird dann Farbe aufgetragen und der Holzblock in einer Presse auf einen Bogen Papier gedrückt. Die erhabenen Teile des Druckstocks werden sodann als Linien sichtbar, während die weggeschnittenen Partien im Druck weiß bleiben.*

---

* **HISTORIENBILD** *Gemälde, die historische Ereignisse darstellen, aber auch Episoden aus der Bibel oder der antiken Mythologie, werden als Historienbilder bezeichnet. In der frühen Neuzeit etabliert sich eine Hierarchie der unterschiedlichen Bildgattungen, an deren erster Stelle das Historienbild steht. Nachrangig folgen dann etwa das Porträt und noch danach die Landschaft. Im Laufe des 19. Jahrhunderts beginnen sich dieser starre Schematismus aufzulösen und die Gattungsgrenzen zu verschwimmen.*

* **GOUACHE** *Für die Gouache werden farbige Pigmente unter Zusatz von Kreide und Gummi arabicum gebunden. So entsteht ein deckendes Malmittel, das mit dem Pinsel aufgetragen wird. Diese Technik eignet sich besonders gut für die Wiedergabe von Farben und ihren Abstufungen, da die Gouachefarbe nach dem Abtrocknen nicht aufhellt.*

---

* **ROMANTIK** *Als Romantik wird eine europäische Bewegung bezeichnet, die vom Ende des 18. Jahrhunderts bis etwa in die Mitte des 19. Jahrhunderts dauerte. Sie umfasste nicht nur die bildende Kunst, die Literatur und die Musik, sondern auch die Wissenschaften und die Politik.*

---

* **SEPIA/SEPIAZEICHNUNG** *Sepia ist ein aus Tintenfischen gewonnener brauner bis braun-grauer Farbstoff, der dem gleichnamigen Farbton seinen Namen gegeben hat und zum Zeichnen verwendet wird. Friedrichs Zeichnungen in dieser Farbigkeit werden zumeist als Sepien bezeichnet, auch wenn sie bisweilen mit einem anderen braunen Zeichenmittel gemacht sind oder es sich um eine Sepia-Mischung handelt.*

---

* **SYMBOL** *Der Begriff Symbol beschreibt ein Zeichen, in der Kunst etwa einen Bildgegenstand, das für eine bestimmte Bedeutung steht. Auf diese Weise kann – auch in der Kombination verschiedener Symbole – einer Darstellung ein bestimmter Sinn gegeben werden. Weit verbreitet in der Kunst sind etwa christliche Symbole, wie der Fels als Sinnbild des Glaubens.*

Literatur

Börsch-Supan, Helmut/Jähnig, Karl Wilhelm: *Caspar David Friedrich. Gemälde, Druckgraphik und bildmäßige Zeichnungen*, München 1973

Börsch-Supan, Helmut: *Caspar David Friedrich. Seine Gedankengänge*, Berlin 2023

Busch, Werner: *Ästhetik und Religion*, München 2003

Grave, Johannes: *Caspar David Friedrich*, München 2012

Hinrichs, Nina: *Caspar David Friedrich – ein deutscher Künstler des Nordens. Analyse der Friedrich-Rezeption im 19. Jahrhundert und im Nationalsozialismus*, Kiel 2011

Hinz, Sigrid: *Caspar David Friedrich in Briefen und Bekenntnissen*, Berlin 1968

Illies, Florian: *Zauber der Stille. Caspar David Friedrichs Reise durch die Zeiten*, Frankfurt am Main 2023

Jensen, Jens Christian: *Caspar David Friedrich. Leben und Werk*, Köln 1999

Noll, Thomas: *Die Landschaftsmalerei von Caspar David Friedrich. Physikotheologie, Wirkungsästhetik und Emblematik; Voraussetzungen und Deutung*, München 2006

Scholl, Christian: *Romantische Malerei als neue Sinnbildkunst. Studien zur Bedeutungsgebung bei Philipp Otto Runge, Caspar David Friedrich und den Nazarenern*, München 2007

Scholl, Christian: *Caspar David Friedrich und seine Zeit*, Leipzig 2015

Zschoche, Herrmann: *Caspar David Friedrich. Die Briefe*, Hamburg 2006

Standorte der abgebildeten Werke

Albertina, Wien: S. 29

Bayerische Staatsgemäldesammlungen München, Neue Pinakothek: S. 43 oben, 52

Freies Deutsches Hochstift / Deutsches Romantik-Museum, Frankfurt: S. 77

Getty Museum, Los Angeles: S. 81

Hamburger Kunsthalle: S. 6, 47, 60, 67, 70–71, 86–87, 89

Klassik Stiftung Weimar, Museen: Vorsatz, Nachsatz, S. 19, 25, 26, 27

Kunsthalle Mannheim: S. 68

Kunstmuseum Winterthur: S. 54

Museum Behnhaus Drägerhaus, Lübeck: S. 64–65

Museum der bildenden Künste Leipzig: S. 80

Museum Folkwang, Essen: S. 57

Nasjonalmuseet, Oslo: S. 32, 75

National Gallery of Art, Washington: S. 33

Privatbesitz: S. 28 oben, 45

Eremitage, St. Petersburg: S. 50, 82

Staatliche Kunsthalle Karlsruhe: S. 58

Staatliche Kunstsammlungen Dresden, Galerie Neue Meister: Cover, S. 15, 34, 62, 79

Staatliche Kunstsammlungen Dresden, Kupferstich-Kabinett: S. 13, 17, 44, 84

Staatliche Kunstsammlungen Dresden, Skulpturensammlung: S. 76

Staatliche Museen zu Berlin, Kupferstichkabinett: S. 21 o.+u., 23, 28 u.

Staatliche Museen zu Berlin, Alte Nationalgalerie: S. 11, 31, 38, 40–41, 55, 59, 73

Universitätsbibliothek Heidelberg: S. 91

Stiftung Pommersches Landesmuseum, Greifswald: S. 85

Anhaltinische Gemäldegalerie Dessau: S. 88

Bildnachweis

akg-images: Umschlag, S. 15, 54, 62, 64–65, 82, 85, 88; Albertina, Wien: S. 29; Bayerische Staatsgemäldesammlungen München, Neue Pinakothek, Creative Commons, CC BY-SA 4.0 Deed: S. 43 oben, 52; Freies Deutsches Hochstift / Deutsches Romantik-Museum, Creative Commons, CC0 1.0 Deed: S. 77; Getty Museum, Los Angeles, Creative Commons, CC0 1.0 Deed: S. 81; Grisebach GmbH © Christian Hagemann: S. 28 oben; Hamburger Kunsthalle / bpkFoto: Christoph Irrgang, Creative Commons, Public Domain Mark 1.0: S. 6; Hamburger Kunsthalle / bpkFoto: Elke Walford, Creative Commons, Public Domain Mark 1.0: S. 47, 60, 67, 70–71, 86–87, 89; Klassik Stiftung Weimar, Museen: Vorsatz, Nachsatz, S. 19, 25, 26, 27; Kunsthalle Mannheim, ARTOTHEK: S.68; Museum der bildenden Künste Leipzig, Christoph Sandig – ARTOTHEK: S. 80; Museum Folkwang, Essen – ARTOTHEK: S. 57; Nasjonalmuseet, Oslo/ Børre Høstland/Larsen, Frode, Creative Commons - Attribution CC-BY: S. 75 ; Nasjonalmuseet, Oslo/ Dag Andre Ivarsøy, Creative Commons - Attribution CC-BY: S. 32, ; National Gallery of Art, Washington, Public Domain: S. 33; Staatliche Kunsthalle Karlsruhe, Creative Commons, CCO: S. 58; Staatliche Kunstsammlungen Dresden, Galerie Neue Meister, Elke Estel/Hans-Peter Klut, SKD, Creative Commons, Public Domain Mark 1.0: S. 34; Staatliche Kunstsammlungen Dresden, Galerie Neue Meister, Jürgen Karpinski, Creative Commons, Public Domain Mark 1.0: S. 79; Staatliche Kunstsammlungen Dresden, Kupferstich-Kabinett, Caterina Micksch, Creative Commons, Public Domain Mark 1.0: S. 13; Staatliche Kunstsammlungen Dresden, Kupferstich-Kabinett, Creative Commons, Public Domain Mark 1.0: S.84; Staatliche Kunstsammlungen Dresden, Kupferstich-Kabinett, Herbert Boswank, Creative Commons, Public Domain Mark 1.0: S.17; Staatliche Kunstsammlungen Dresden, Kupferstich-Kabinett: S. 44; Staatliche Kunstsammlungen Dresden, Skulpturensammlung: S. 76; Staatliche Museen zu Berlin, Kupferstichkabinett / Dietmar Katz, Creative Commons, Public Domain Mark 1.0: S. 23; Staatliche Museen zu Berlin, Kupferstichkabinett / Jörg P. Anders, Creative Commons, Public Domain Mark 1.0: S. 21 unten; Staatliche Museen zu Berlin, Kupferstichkabinett / Volker-H. Schneider, Creative Commons, Public Domain Mark 1.0: S. 21 oben, 28 unten; Staatliche Museen zu Berlin, Alte Nationalgalerie / Andres Kilger, Creative Commons, Public Domain Mark 1.0: S. 31, 38, 40, 73; Staatliche Museen zu Berlin, Alte Nationalgalerie / Jörg P. Anders, Creative Commons, Public Domain Mark 1.0: S. 55; Staatliche Museen zu Berlin, Alte Nationalgalerie, Jörg P. Anders, Creative Commons, Public domain Mark 1.0: S. 11, 59; Universitätsbibliothek Heidelberg, Creative Commons, Public domain Mark 1.0: S. 91; Vorstand der Deutschen Jahrhundertausstellung (Herausgeber): „Katalog zur Ausstellung deutscher Kunst aus der Zeit von 1775–1875 in der Königlichen Nationalgalerie Berlin". Verlag F. Bruckmann AG, München 1906 (2 Bände), self-scanned from own book, Public Domain: S. 8; Wikimedia Commons: S. 43 unten, 45

Impressum

Konzeption der Kleinen Reihe
Martina Padberg

Verlagsredaktion
Doris Hansmann

Lektorat
Thomas Hauffe

Satz und Gestaltung
Christian Padberg

Gesamtherstellung
Wienand Verlag

Printed in EU

Erschienen im
Wienand Verlag
www.wienand-verlag.de
Weyertal 59, 50937 Köln

ISBN 978-3-86832-792-2

Umschlagabbildungen
Einband: Caspar David Friedrich. *Zwei Männer in Betrachtung des Mondes,* 1819/20 (Ausschnitt); Vorsatz: *Wallfahrt bei Sonnenuntergang,* um 1805 (Ausschnitt); Nachsatz: *Herbstabend am See,* um 1805 (Ausschnitt)

Einige Zitate wurden zur besseren Lesbarkeit und Verständlichkeit zum Teil behutsam an die gegenwärtige Ausdrucksweise angepasst. Zum Teil sind diese auch gegenüber dem Originaltext gekürzt.

Bibliografische Information der Deutschen Nationalbibliothek
Die Deutsche Nationalbibliothek verzeichnet diese Publikation in der Deutschen Nationalbibliografie; detaillierte bibliografische Daten sind im Internet über http://dnb.de abrufbar

Wienand-Publikationen werden weltweit in führenden Buchhandlungen und Museumsshops angeboten (Vertrieb in Europa, Asien, Nord- und Südamerika).

WIENAND'S
KLEINE REIHE
DER KÜNSTLER-
BIOGRAFIEN

96 Seiten
12,95 €

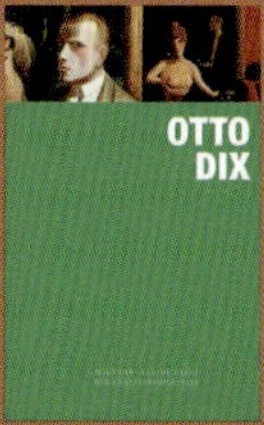

978-3-86832-571-3

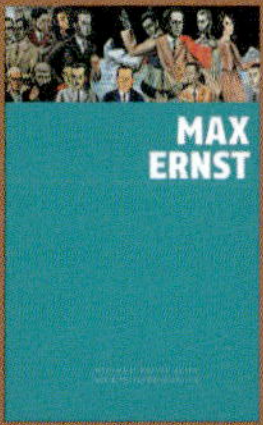

978-3-86832-539-3

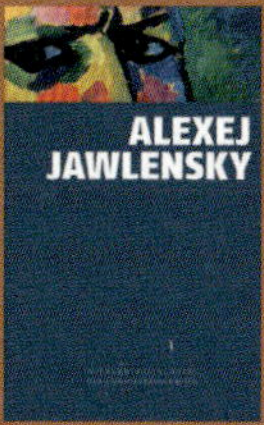

978-3-86832-286-6

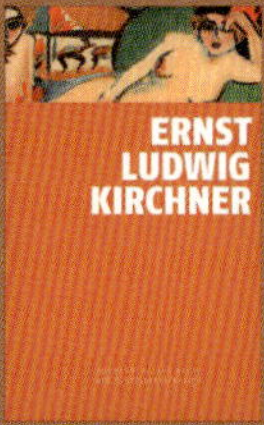

978-3-86832-389-4

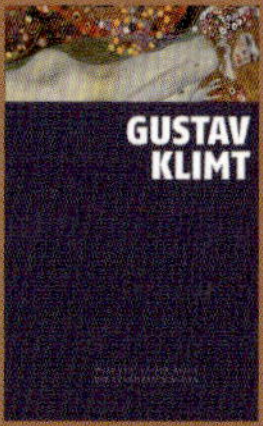

978-3-86832-387-0

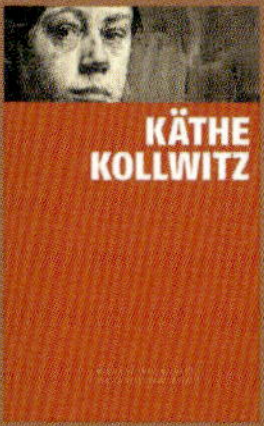

978-3-86832-285-9

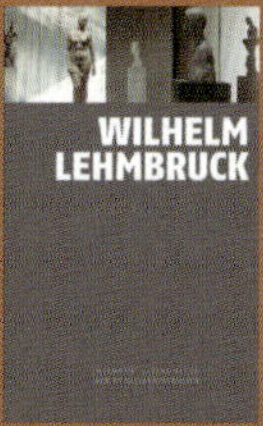

978-3-86832-388-7

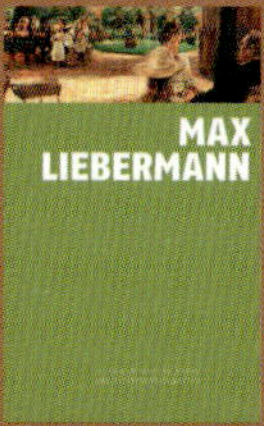

978-3-86832-373-3

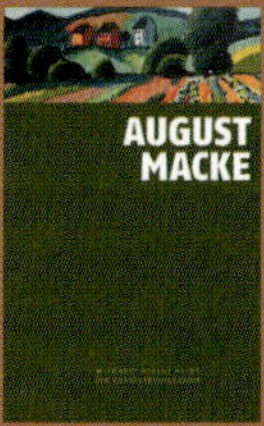

978-3-86832-208-8

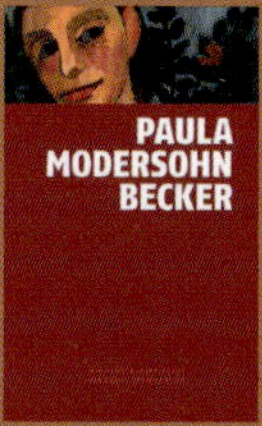

978-3-86832-210-1

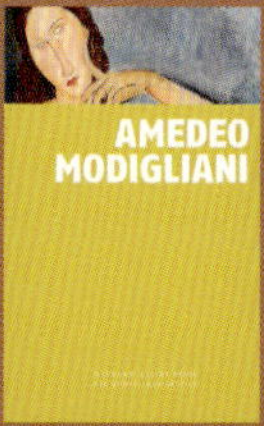

978-3-86832-574-4

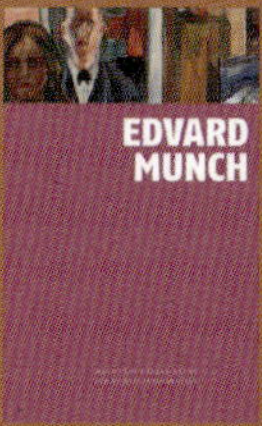

978-3-86832-598-0

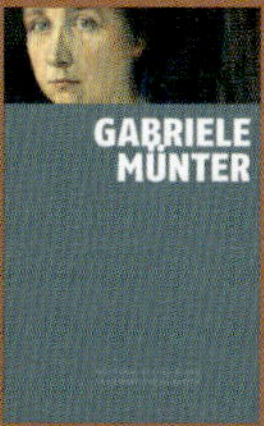

978-3-86832-372-6

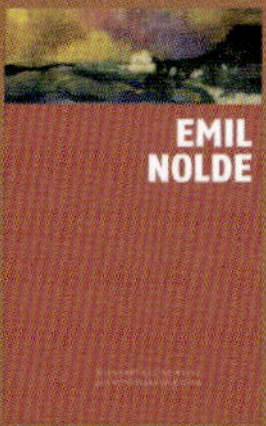

978-3-86832-572-0

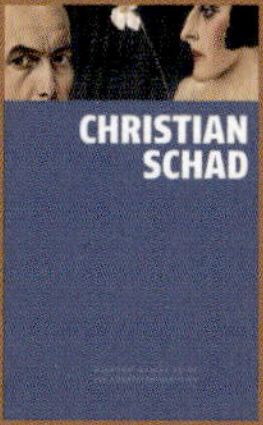

978-3-86832-573-7

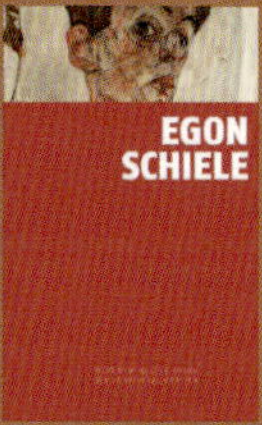

978-3-86832-374-0

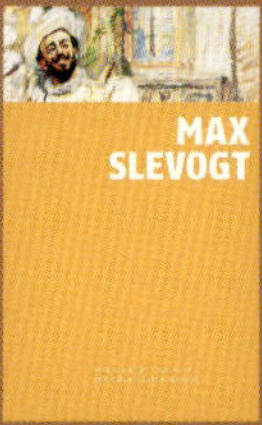

978-3-86832-442-6

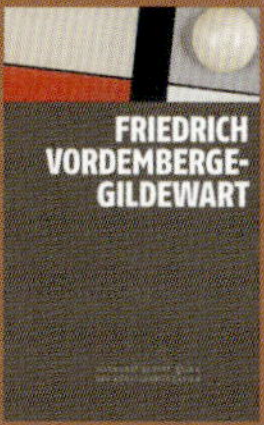

978-3-86832-774-8

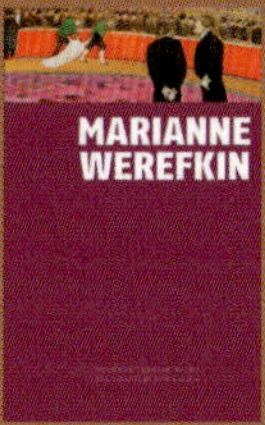

978-3-86832-540-9

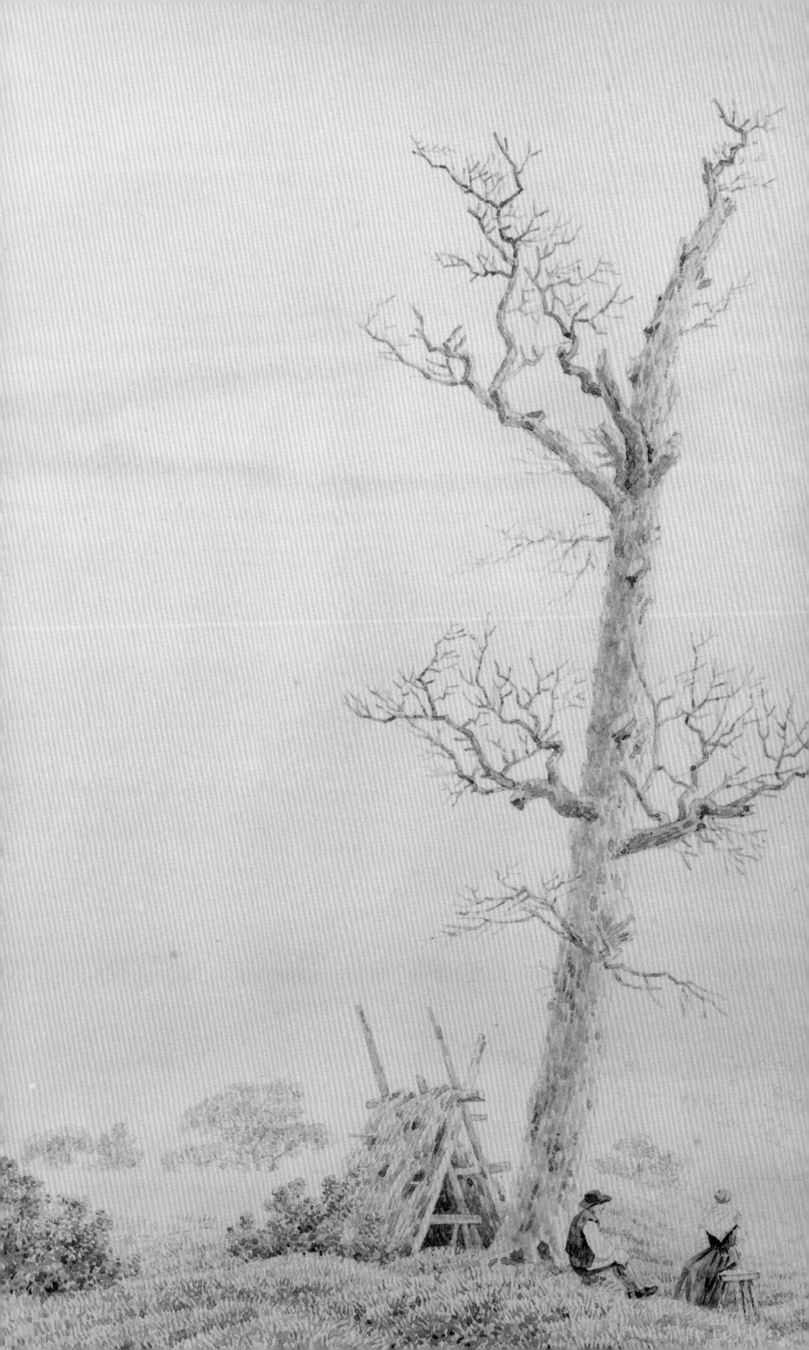